インドどうぶつ奇譚

空飛ぶ象

西岡直樹

八坂書房

はじめに

初めてインドに行ったころ、インドならば、ゾウやトラ、サイなどが簡単に見られるのだろうと思っていました。しかし、そういう大形の野生動物は、動物保護区にでも行って辛抱《しんぼう》強く待たないと、なかなか見られるものではありませんでした。私が思い描《えが》いていた「インド動物大国」というう手前勝手なイメージはすぐに消滅《しょうめつ》してしまったのですが、それでもしばらくインドで暮らすうちに、さまざまな動物が、人間の生活域のすぐそばで生きていることに気がつくようになりました。人家のなかを棲《す》みかにしているヤモリやネズミの類《たぐい》は否《いや》が応《おう》でも目に入ってきますし、庭にはリス、トカゲ、トッケイ（オオヤモリ）、ブラッドサッカー、ヘビなどが、またちょっと町を離《はな》れて農村に行けば、木々の茂《しげ》みにアカゲザルやボンネットモンキー、ハヌマンラングール、クジャク、ハゲワシなどがごく普通にいるのです。驚《おどろ》いたのは、それらの多くの動物が、人間をあまり恐《おそ》れるようすがなく、人間のすぐ傍《かたわ》らで彼ら自身の生活を繰《く》り広げているということでした。また、一日のうちでも人間たちとは活動の時間帯を違《ちが》え、夜になると、ジャッカル、ベンガルヤマネコ、ジャコウネコ、センザンコウ、マングース、ヤマアラシ、ベンガルオオトカゲなどのより慎重《しんちょう》で注意深い動物たちが活動をし始め、意外な動物が私たちのすぐそばで暮らしていたことにも驚かされるのです。

それればかりか、こうした身近な小動物だけでなく、ゾウのような大形の野生動物までもが、ときには群れをなして保護区の森林地帯群から脱出《だっしゅつ》し、人間たちが密集《みっしゅう》する超巨大《ちょうきょだい》都市コルカタ（旧カルカッタ）のすぐ近くまで遠征《えんせい》してくるというようなこともありました。また、動物保護区を抜け出したトラが、近くの民家の家畜《かちく》を襲《おそ》うというようなことが今でもときどきあるのです。

インドの人々の生活域内で、またはそのすぐ外で、多くの野生動物が独自の生活を保ち続けていられるのは、インドの人々が「動物というものをどう捉えているか」によるところが大きいように思われます。それが覗《うかが》われるような出来事がありました。

先日、オリッサ州に出かけ、ホテルのレストランのテーブルに着いたときのことでした。すぐわきの壁《かべ》にセットされた大きな水槽《すいそう》の魚たちを眺《なが》めていると、水槽の手前に張られたもう一枚のガラスとのわずかな隙間《すきま》に、小動物が挟《はさ》まれるような格好で丸くなり、眠《ねむ》っているのを見ました。

「きゃあ！　これネズミじゃないの」

同行の一人が発した金切《かなき》り声を聞いてやってきたウェイターは、何食《なにく》わぬ顔で、

「それではこちらの席へ」といって彼女をひとつ隣《となり》の席へ移るように勧《すす》めるだけで、ネズミをそこからどかそうとはしないのでした。そのうち、丸まって毛玉のようになっていたネズミはちょろりとしっぽを出し、ひくひくと鼻面を動かしながら顔を出すと、右手と左手を交互に前に突き出すようにして大きく伸《の》びをしてから、こちら側に腹を見せたまま狭いガラスの隙間を這《は》うようにして、上へとよじ登っていき、悠々《ゆうゆう》とどこかへと姿を消したのでした。

多少の被害をこうむっても、動物を人間の生活域から追い出してしまおうとは考えない。インドの人々の多くがもつこの寛容《かんよう》さは、動物たちと共存《きょうそん》するのには不可欠のように思うのでした。

生命は本質的に同一であり、動物は私たちとは違った形態で「生」を実現する存在という考えは、ヒンドゥー教や仏教の神話・説話のいたるところに見られます。動物たちに対する人々の寛容さは、こうしたインドの宗教的生命観《しゅうきょうてきせいめいかん》に裏打ちされているようですが、狭くなったこの地球上で、共存者、同朋《どうほう》として動物たちと共に生きていくには、インドの人々のこうした寛容さに学ぶところが大きいと思うのです。

インドどうぶつ奇譚　目次

はじめに　3

ゾウ

空飛ぶ象

その昔、ゾウは、インドの空を自由に飛んでいました。そのゾウも、今日では地上の覇者である人間によって保護区のなかで生きることを余儀《よぎ》なくされていますが、そこから抜け出てしまったゾウたちの悲喜《ひき》こもごもの話です。

奇想天外《きそうてんがい》な話だが、昔、ゾウは空を飛ぶものだったとインドではいい伝えられている。釈尊《しゃくそん》の前生《ぜんせ》の物語集『ジャータカ』（『本生譚《ほんじょうたん》』）の「王ゾウ物語」にも空を飛ぶゾウの話がある。

昔、菩薩《ぼさつ》がマガダ国の王の所有する白いゾウとして生まれたころのことである。自分をそっちのけで人々の賞賛《しょうさん》を集めるその美しい白いゾウを、王はねたましく思っていた。王は、白いゾウに山の絶壁《ぜっぺき》の上で芸をさせるよう、ゾウ使いに命じた。はじめ三本足で立ち、つぎに二本足で立ち、最後に一本足で立つという難しい曲芸をさせるよう、命令したのである。王は、それでもゾウが落ちないのを見ると、今度は空中に立たせるよう、ゾウ使いに命じた。

「王はお前が崖《がけ》から落ちて死ぬのを望んでいる。もし、お前が本当に空を飛べるのなら、わたしを乗せたままワーラーナシーの王のところに飛んで行きなさい」

ゾウ使いがゾウの耳もとでこういうと、その白いゾウはふわりと空に踏み出し、そのままワーラーナシーまで飛んで行った。そして、そこの王にゾウとゾウ使いは歓迎《かんげい》され、丁重《ていちょう》に扱《あつか》われたそうである。

仏教《ぶっきょう》だけでなく、ヒンドゥー教の話のなかでも、ゾウはかつて空を飛んでいた。この世に最初に出現し、世界を八方で支えている八対の原初のゾウの子孫たちは、大昔は翼《つばさ》をもっていて空を飛ぶことができた。それが飛べなくなったのは、こんな理由によるのだという。

あるとき、ディールガタパスという苦行者《くぎょうしゃ》が木の下で弟子たちに教えを説いていると、ゾウたちが飛んできて頭上の枝にとまった。枝はその重みで折れ、弟子たちがつぶれて死んだ。怒《おこ》った苦行者は、ゾウたちの翼がなくなって飛べなくなるように、呪《のろ》いをかけた。それ以来、ゾウというものはのは翼をなくし、ただ地上をのしのしと歩き回るだけになってしまったのだという。

民話にも、空飛ぶゾウの尻尾《しっぽ》につかまって、天国に行こうとする人たちの話がある。もしかしたら、『空飛ぶダンボ』は先祖返りしたインドのゾウの子孫だったのかもしれない。

しかし、ゾウは今日、この地上でさえ自由に歩き回ることができなくなってしまったようだ。ゾウは、本来三百キロメートルも離れた森を行き来する動物だといわれている。安住の地としてあてがわれている保護区は、人間にとっては広くても、ゾウたちにとっては狭《せま》いに違《ちが》いない。窮屈《きゅうくつ》さにがまんができなくなって、ときどき境界《きょうかい》を抜け出して遠出《とおで》を楽しむゾウが、近年増えているようなのである。

一九九三年の暮れに四五頭もの野生ゾウの群れがコルカタ（旧カルカッタ）のすぐ近くにまでやってくるというできごとがあった。五百キロメートルも離《はな》れたジャールカンド州のダルマー動物保護区から、人口一千万を超《こ》す巨大《きょだい》都市コルカタのほんの三十キロメートル近くまでやってきたのである。そのニュースは日本でもテレビで報じられた。あの年は世界的な異常気象で、日本では米の不作で翌年に米パニックを引き起こしたほどだったが、動物保護区でもなにか異常な事態が起きたに違いない。

そのニュースのすぐ後、私は仕事でコルカタへ行き、一か月ほど滞在《たいざい》することになった。ゾウの群れはまだコルカタの近くの森に居座《いすわ》っており、連日、新聞の紙面を賑《にぎ》わしていた。その記事のなかで、とくに気にかかったことは、遠出のさいに群れから離れてしまったゾウの子どもたちのことであった。ゾウは、動物園か動物保護区の森まで行かなければ見られないものと、私もずっと思っていたのである。だが、どうやらそれは思い違いだったようだ。やはり、ここはインドだと思った。

西ベンガル州はインドのなかでも人口密度の高い地方である。ゾウたちは、農村の間に点々と残った森林地帯をたどるようにしてやってきたのである。そして、途中、乾いた田圃《たんぼ》や畑を横切り、村のなかに入って、人家の屋根のワラを食べたり、穀物貯蔵庫を壊《こわ》して米を食べたりした。それがために村人から追い立てられ、なかには反撃《はんげき》するゾウもいて、四人の村人が踏《ふ》みつぶされて死んだ。それが余計事態を悪くして、さらに人間たちから追い立てられるはめになり、ゾウの群れはパニックに陥《おちい》ってしまった。そして、群れについていくことのできない数頭の子どものゾウが、置き去りにされてしまったのである。

なかには、人里近くで溝《みぞ》に落ちてしまった子どものゾウもいる。人間の子どもたちから石をぶつけられ、傷だらけになっているところを、村人たちが保護したのだが、村人たちのほうでも、そのゾウの子を保護しているがために母親ゾウに戻《もど》ってこられても困るので、そっと気づかれないように群れのあとを追って、ゾウの子を返す試みをした。しかし、何度試みても、一度群れから離れ、人間の匂《にお》いのついてしまったその子ゾウは、群れに受け入れられることはなかったという。ふつうゾウは子どもを置き去りにするようなことはないのだが、移動中は、傷ついたり弱ってしまったりした子どものゾウが置き去りにされてしまうこともあるらしい。群れから離れた幼いゾウが育つことは稀《まれ》だとも聞いた。

コルカタの動物園には、けっきょく一頭の子どものゾウが保護されたが、そのうち生後十か月と、二か月半の二頭は死んでしまい、残った生後一か月半の一頭もひじょうに弱っていたが、飼育係の手厚い看護のすえ、なんとか元気をとりもどして動物園にいるという新聞記事を読んで、私はその赤ちゃんゾウを見に行った。

その赤ちゃんゾウは、意外にも、元気そうだった。体全体が赤茶色の長い産毛《うぶげ》におおわれていて、見るからにまだ赤ちゃん赤ちゃんしている。足を鎖でつながれ、古顔の二頭の大人のゾウと並んで同じように体を前後にゆすりながら、小さな鼻を恥ずかしそうにくねくねと動かして、心配してやってきた多くの観客の歓声に応えていた。元気に育ってくれればいいが……と願った。だが、次に動物園を訪れたときには、ゾウ舎にその赤ちゃんゾウの姿を見ることはできなかった。悲しいことに、飼育係の人の話によるとやはり死んでしまったそうである。

森林局の役人や警察、ゾウが通る道筋近くの村人たちは、まだ近くの森をうろついているゾウたちをいかにして誘導《ゆうどう》し、保護区に返送するのか、

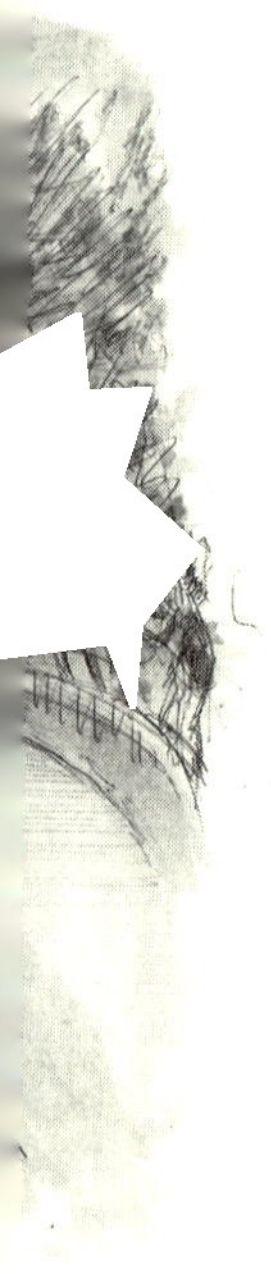

頭を悩《なや》ましていた。ゾウを傷つけず、パニックに陥《おとしい》れないようにその目的を達成するために、結局北ベンガルのジャルバイグリから大勢のゾウ使いとともに、三頭のクンキ・ゾウが呼び寄せられることになった。このクンキ・ゾウというのは、野生のゾウを捕獲《ほかく》するさいに、野生ゾウを誘導したり、檻《おり》のなかへと追い込んだりする訓練を積んだゾウなのである。

　ゾウの群れが故郷の自然保護区の近くまで来たときに、もう一頭、雌《めす》の子どものゾウが穴に落ちて群れから離れてしまった。保護した森林局員はそのゾウの子を群れにもどそうとしたが、群れはやはり引き取ろうとはしなかった。性的に成熟するまでにあと数年という少女のゾウであるが、彼女は、人間界で生きていくという道をたどることになった。人間の社会に馴染《なじ》んでいくための、そのしつけ役をみずから買ってでたのが、そのクン

キ・ゾウだったのである。

保護されて、クンキ・ゾウのとなりにつながれることになった少女のゾウは、すぐにその小母《おば》さんゾウに慣れて、姿がちょっとでも見えなくなると、凄《すさ》まじいラッパ音をたてて捜すようになった。

今まで森で食べていたものと違って、金属のバケツに入れられた濡《ぬ》れた稲もみは彼女の口にはあわなかった。彼女は、足元に置かれたそのバケツをいかにも興味なさそうにひっくり返してしまうのだった。それを見て、となりにいたクンキ・ゾウはこぼれたもみを鼻で寄せ集めてくるりとつかむと、まず自分の口のなかに入れて食べ、それからまた一握りつかんで、今度は彼女の口へともっていった。そして、まるで「食わず嫌いはいけませんよ」とでもいうように、むりやり稲もみを口のなかへと押し込んだのである。少女のゾウはそれを少し口に入れたが、ぷっぷっと吐《は》き出し、わきにあったバナナの葉を口直しに食べた。クンキ・ゾウはそれでもあきらめずに、まず自分で一口食べてから、つぎに少女のゾウの口へ運んでやるという動作を根気《こんき》よく繰り返した。そうするうちに、少女のゾウはだんだんと稲もみに慣れて、食べるようになったという。

この記事を見て、私は救われたような気がした。ゾウは人間と似て、家族と群れの結束《けっそく》が強く、成長するまで長期間、親の保護が必要だという。しかもゾウの母親は、ふつう自分の子以外の子の面倒《めんどう》は見ないともいわれている。まだ母親の保護を必要とする子どものゾウが、母親と別れた状況《じょうきょう》は悲惨《ひさん》である。彼女の場合、幸運なことに、遠く北ベンガルから運ばれてきたクンキ・ゾウが、代理の母親となってくれたのである。

動物の子に対する愛というものは、すなわち自己のＤＮＡへの愛着であるようにおしなべて納得《なっとく》されてしまいがちであるが、もう少し個々に目をやり、注意深く見てみると、いろいろな個性が見えてきて、そう簡単にはいいきれなくなるのではないだろうか。私には、はぐれた娘ゾウの世話役をみずから買って出たクンキ・ゾウが、まさに菩薩の性《さが》を持ちあわせたゾウのように思われたのである。

二〇〇八年八月、数年ぶりにジャールカンド州にあるポトゥア（語り絵師）の村を訪ねた。突然押しかけた私たちを笑顔で迎えてくれたポトゥアの友人はいった。

「ちょうどよい時に来たね。昨日まで野生のゾウの群れが村の近くをウロついていて、みんな避難していたところだよ」

これを聞くと、ゾウが保護区を抜け出すのは、今でもそう稀なことではないのだと思った。

ウシ

溢れ出る母性

人々とともに生き、日々の暮らしにおいてさまざまな恩恵《おんけい》をもたらすウシと人間との心の絆《きずな》をものがたる話です。与えて止まないウシは人々にとってまさに母性《ぼせい》の象徴といえるのでしょう。

インドでは、ウシはヒンドゥー教の神シヴァが乗る動物として神聖化され、大切にされている。そういう宗教的な背景もあって、インドにはウシがひじょうに多い。その数はおよそ二億頭にのぼり、世界一のウシ保有国になっている。インドのウシは背中にコブがあり、のどの下の皮がひだをなして垂れ下がった小型のコブウシと呼ばれるウシである。田舎《いなか》はもちろんのこと町中でも放し飼いにされて人混みのなかをうろついているウシの姿をよく見かける。

ウシは牛乳を提供し、犂《すき》をひいたり荷車をひいたりして人々に益《えき》している。木材資源が少なく、燃料が手に入りにくいインドの農村では、その乾燥《かんそう》した糞《ふん》までもが、かまどの焚《た》きつけとして、日々の暮らしに欠かせな

いものとなっているのである。牛糞の用途《ようと》はそれだけではない。粘土《ねんど》とともに水溶《みずと》きにされて、土壁《つちかべ》や土間《どま》の上塗《うわぬ》りに使われる。新しく上塗りされた土の壁面《へきめん》や床は、ウシの体内で細かく砕《くだ》かれた草の繊維《せんい》でしっとりと押さえられ、すがすがしささえ感じられる。干し草にも似たその匂《にお》いは、インドの村に暮らす人々の心のひだの奥深《おくふか》くまで染み入っているに違《ちが》いない。

インドのベンガル地方の田舎に住む私の親しい友人は、結婚したときに奥さんの父親から雌《めす》ウシを一頭プレゼントされた。のど下のひだがみごとに波打った白い美しい雌ウシである。彼はその雌ウシが可愛《かわい》くてたまらないようで、仕事でしばらく家を離《はな》れたときも、まず心に思い浮《う》かぶのは、産まれて間もない息子のこととその雌ウシのことなのである。彼はその雌ウシにドボリと名付けていた。帰宅すると彼はまず家の前の空き地で草をはんでいるその雌ウシに「ドボリ！」と呼びかける。その声を聞くと、雌ウシは嬉《うれ》しくなって、モ〜ッ、と声をたてて大きな体をゆするようにして、彼のほうに歩み寄ってくるのである。

彼は、毎朝その雌ウシを池に連れていき、体を洗ってやる。そして、飼《かい》葉《ば》入れに新しいわらをきざみ、油粕《あぶらかす》や米のとぎ汁《じる》を混ぜて入れてやる。それから子ウシを雌ウシのわきにつないで、乳搾《ちちしぼ》りにとりかかるのだ。

雌ウシは、わが子が連れてこられると目をうるませてその頭から背中、尻《しり》をなめ、乳を出しはじめる。子ウシがある程度飲んでからが、人間が乳をもらう番となる。友人が慣れた手つきで乳を搾りはじめると、歩きはじめたばかりの彼の息子がやってきて雌ウシの下にもぐり込み、乳搾りのまねをする。雌ウシもそれを心得ていて、幼く小さな人間の子を踏《ふ》んだりすることがないよう気を配りながら、されるがままにしているのである。そんなときの雌ウシの大きな目は、母性と慈愛《じあい》に満ちあふれているように見える。

それまでは、ウシは人間とともに暮らしていながら人間には無関心で、いつも何食《なにく》わぬ顔をしているように思っていた。しかし、友人にいわせると、ウシはとても表情豊かで、いつも飼い主のことを気にかけていて、飼い主の会話のなかに自分の名前がでただけでも、耳をそばだてるという。

彼は子どものころ、ウシ追いをしたことがある。家が貧しくてウシ追いをしてわずかながらも家計の足《た》しにしたのだ。弟といっしょに近所のウシを集めて野に追っていき、ウシが草をはんでいるあいだ、野生のイヌナツメやサトウナツメヤシの実をとって食べたり、小石を並べてショログティという挟《はさ》み将棋《しょうぎ》に似たゲームをしたり、日がな一日遊んだ。そうしているうちに、だんだんとウシの気持ちがわかるようになったのだそうだ。ウシはうれしいときは尻尾《しっぽ》を上げ、悲しいときにはいかにも悲しそうな目をする。そしてウシが涙を流すのを見たという。

豪雨《ごうう》をともなう大きなサイクローンがベンガル地方を襲《おそ》ったとき、雨に濡《ぬ》れた家の土壁《つちかべ》は水を吸って強度を失い、大きな裂《さ》け目が走った。それを見た父親は、家族を家からだし、つないであったウシを解《と》き放《はな》った。ウシを含めて一家全員、あわやというところで命拾いしたのである。家を失った彼らには、もうウシを養う余裕《よゆう》はなくなり、家族の一員のように可愛がっていたウシを手放さなければならなくなった。

数か月が過ぎたある日のこと、彼と弟が祖母のいる村に行こうと、カマバアカシアの茂《しげ》る木陰の道を歩いていると、遠くで草をはんでいたウシが二人の姿を見つけ、つながれていた綱《つな》を首につけたまま駆《か》け寄ってきた。

それは、かつて彼らの家で飼われていたウシだったのだ。ウシは駆け寄るや、彼らの腕《うで》や顔をなめた。思いがけない再会に彼らも喜んで、二人してウシの首に抱《だ》きつくと、ウシの目からは涙《なみだ》があふれ、ほおの毛を黒く濡らしながらつたい落ちたという。

ベンガル地方の田舎で、そんなウシの優しさをものがたる昔話を聞いた。

昔、あるラジャ（藩王《はんおう》）の妃《きさき》が、まだ幼《おさな》い女の子を残してこの世を去った。ラジャは新しい妃を迎《むか》え、やがてその妃とのあいだに女の子が産まれた。新しい妃は先の妃が残した子をちっとも可愛がらず、ろくな食べ物をもたせずに毎日その子を野にウシ追いに行かせた。

あるとき、野で女の子があまりの空腹に耐《た》えきれなくなって泣いていると、それを見たウシが、心のなかでこうつぶやいた。

「ああ神様、私に口がきけたらあの子のためになってあげられるのに……」

するとその願いが神様に通じたのか、ウシは口がきけるようになった。

ウシはこういった。

「私の右の角《つの》をとれば食べ物と着物が、左の角をとれば金のぶらんこがでてきますよ」

女の子はそれから毎日、野にウシを追いに行っては、ウシの角から食べ物をだして食べ、きれいな着物を着て金のぶらんこに乗ってゆれて遊んでいた。

そんなある日、腹違《はらちが》いの妹にせがまれた女の子は、妹をいっしょに野に連れていき、ウシの角から出した食べ物を二人で食べ、金のぶらんこに乗って楽しく遊んだ。娘からこのことを聞いた新しい妃は怒《いか》り狂《くる》って、ウシを切るように家来《けらい》に命じた。

これを悟《さと》ったウシは涙を流しながら、こう女の子にいった。

「私が切られたら、私の骨を集めて野にもっていって埋《う》めるのですよ」

その次の日に、ウシは切られてしまった。女の子は泣きながらウシの骨を集め、いつもウシが草をはんでいた野にもっていって埋めた。すると不《ふ》思議《しぎ》なことにそこに大きな池ができ、その水面から一匹の魚が顔をだしていった。

「私の右のひれからは着物が、左のひれからは食べ物がでてきますよ」

女の子は、また野に行ってはきれいな着物を着、おいしい物を食べて楽しんでいた。

そんなある日、どこかの国の王子《おうじ》がウマに乗って通りかかり、美しく着《き》飾《かざ》った女の子の姿を見た。女の子はあわてて着物を脱いで池に投げこみ、家に帰ったが、片方のサンダルが池に入らずに岸に残ってしまった。女の子の美しい姿を見て一目で恋《こい》に落ちた王子は、そのサンダルをもって城に帰り、方々《ほうぼう》に使いを送ってその女の子を探させた。継母《ままはは》は前の妃《きさき》の娘を箱にかくして自分の娘にきれいな着物を着せ、王子の使いが来るのを待っていた。やがて使いはその家にもやってきたが、サンダルが継母の娘の足に合わないので、あきらめて帰ろうとした。するとそのとき、戸口にいたニワトリが、コッコッコッと鳴いて箱のなかにもう一人の娘がいることを教えた。サンダルはその女の子の足にぴったり合った……。こうしてその女の子は、王子と結婚して幸せになった。

シンデレラを思いださせるような話である。

インドの神話には人の望みをかなえるというスラビの雌ウシというのが登場するが、まさにこの話のウシはスラビの雌ウシであり、死んだ後にも与えて止まないその思いの深さは母性《ぼせい》の象徴《しょうちょう》のように思えてならない。しかし雌ウシの母性も、それが発揮《はっき》されるにはひとつの手続きが必要なのかもしれない。そう思わせるような出来事がつい数か月前、機織《はたお》りをしている別の友人の家であった。彼の家の雌ウシが子ウシを産んだのだが、雌ウシは自分の子をなかなか受け入れようとはせず、乳を飲みに来た子ウシを蹴《け》って追い払ってしまうのだという。

「子ウシが真っ黒な色をしていて産まれたのが闇夜《やみよ》だったから、母ウシは自分の子が産まれたのを認められず、すぐに子ウシの匂《にお》いをかぐことができなかったからだ」と家の人たちはいう。

それから間もなくして機織りの友人にも、はじめての子が産まれた。みなが望んだとおり男の子だったが、早産《そうざん》で体重が少なかったために赤ちゃんは母親から離されてすぐに保育器に入れられた。その赤ちゃんが母乳を飲もうとしないのだ。家の人たちはやはりこういうのである。

「赤ん坊は生まれてまず母親に抱かれて乳を飲むことが大切だ。ウシも人間も動物だから、それは同じことだ」と。しかし、今では母ウシは産まれた黒い子ウシを自分の子と認めたのか、もう蹴飛ばすこともなく乳を飲ませている。友人の赤ちゃんも、母乳を受け入れるようになってくれるのだろうか。

ハヌマンラングール

崇められるサル

インドの人々の間でサルの神ハヌマーンの末《まつ》裔《えい》として崇《あが》められるオナガザル科のハヌマンラングール。そのハヌマンラングールの子をつかまえて育てたリキシャひきの青年から聞いた、ほんとうにあった興味深い話です。

人里離《はな》れた森まで行かなくても、インドでは、村はもちろん、かなり大きな町の中でもハヌマンラングールを見ることができる。人間の居住《きょじゅう》域《いき》でも、彼らは群れ社会をなし、独自の生活をしている。彼らの関心事は、縄張《なわば》りと方々《ほうぼう》にあるバナナやグアバ、ミミイチジクの見回りチェックで、どの木の果実や芽が食べごろか、いつも気にかけている。そして人間が収《しゅう》穫《かく》する直前に出かけていって、みな食ってしまうのである。それでも、インドの人は彼らを殺そうともしないし、居住域から追い出そうともしない。せいぜい、怒鳴《どな》ったりパチンコで石を打ったりして、その場から一時どいてもらうくらいのものである。

それは、ハヌマンラングールが、インドの人々に広く親しまれた叙事《じょじ》詩《し》『ラーマーヤナ』に登場するサルの神ハヌマーンの末裔《まつえい》だといわれているからだろう。ハヌマーンは、つねにラーマを助ける心強い従者《じゅうしゃ》であり、とてつもない怪力《かいりき》をもつヒーローとして伝えられているのである。とはいえ、インドでは、それが神話に登場するような神聖《しんせい》な動物ではなくても、人間の都合によって彼らを身辺から追い出してしまうようなことは、あまりないのである。

「この世に生まれてきた者は、みなその者のように生きる権利がある」

私がゴキブリを殺そうとしたとき、こういって止めた村の友人の言葉を思い出す。インドの人々が他の動物に対して寛容《かんよう》なのは、その背景にこうしたアヒンサー（非殺生《ひせっしょう》）の思想《しそう》があるからといえるだろう。そしてまた、「ちょっとくらいのことは大目《おおめ》に見よう」というインド人らしい鷹揚《おうよう》さも、そこに一役かっている。異国人である私がインドでとても居心地《いごこち》よく暮らせたのも、人々のこうした寛容さと鷹揚さのおかげであったともいえる。

ハヌマーンの末裔といわれるハヌマンラングールが、今日でもヒンドゥーの人々からどれだけ敬意を払《はら》われているか、それを物語るような光景を見た。

ハヌマンラングールが死んでいるのを見つけた青年が、その死体を、人間の遺体《いたい》を火葬場《かそうば》へ運ぶときと同じように、青竹で組んだ担架《たんか》に乗せ、行列をなして運んでいた。その赤い布を掛《か》けられたハヌマンラングールの亡骸《なきがら》の上に、沿道の人が小銭を投げていたのである。後にその死体は街道のわきに埋《う》められ、そこに、ハヌマーン神の浮《う》き彫《ぼ》りを施《ほどこ》した石がすえられた。今ではそのハヌマンラングールは神となって、道行く人々から礼拝《れいはい》を受けているのである。

ハヌマーン神の末裔として大切にされる、そんなハヌマンラングールの

子をつかまえて飼っていた青年を、私は知っている。西ベンガル州の小さな町でリキシャひきをしていた青年で、名をオジョイといった。夢見がちな変わった青年で、彼のすることにはいつも夢と現実のずれから生じるおかしさがあった。髪《かみ》を伸《の》ばして髷《まげ》を結《ゆ》い、神の賛歌を歌って歩くバウルと呼ばれる芸人集団に入ってみて、親戚《しんせき》を驚《おどろ》かしたようなこともあった。しかし、ふつうの人たちから見れば「気まぐれ」とか「物好き」としか思えないようなことを、あえて彼がしてしまうのには、彼なりの理由があったのである。

彼の父親はひじょうな飲助《のみすけ》で、わずかな稼《かせ》ぎもみんな酒に変えて飲んでしまい、家庭のことなど一瞬《いっしゅん》たりとも考えることのない男だった。私も彼が飲んだくれて大道《だいどう》で立ち回りを演じている姿をなんども見た。そんな父親のもとに育った彼は、人生の重たい部分を子どものうちから背負ってきたのである。彼が、突然《とつぜん》世捨て人の芸人になってみたのも、そんな重荷から解放されたいという願望が、年端《としは》のいかないころから心の片隅《かたすみ》で育っていたのにちがいない。そしてまた、ハヌマンラングールの子を飼ってみたいと思った心の内にも、ラーマに薬草を届けるため山ごとかついで持ち帰ったハヌマーンのように、どんな重荷でも軽く運んでいけたら……という願望があったのかもしれない。

オジョイがハヌマンラングールの子をつかまえたのは、結婚《けっこん》して間もないころだった。そのころ、オジョイはコルカタに住むある金持ちの別荘《べっそう》の一角に住み、庭木の水やりをしながら町でリキシャをひいていた。

あるとき、別荘の台所の屋上に数匹のハヌマンラングールがやってきて遊んでいた。子連れの群れで、子どもはまだ小さく顔はきれいなピンク色をしていた。オジョイはそのハヌマンラングールの赤ん坊を見て、むしょうに可愛《かわい》いと思ったという。その赤ん坊の長い尻尾《しっぽ》が屋根から台所の窓へと垂れているのを見たとき、オジョイはとっさにその尻尾をつかんで引っ張り、赤《あか》ん坊《ぼう》を台所のなかへと引きずり込んで窓を閉めてしまった。突然わが子の姿が見えなくなった母親のハヌマンラングールは、叫《さけ》び声をあげながら屋根の上を駆《か》けずりまわり、必死になって探していた。そのとき、オジョイは台所のなかで赤ん坊が声をたてないように口を押さえていたという。母親はだいぶ長いこと屋根の上にいたが、そのうちあきらめて行ってしまった。まだ乳離《ちばな》れをしていないハヌマンラングールの赤ん坊を、オジョイはミルクやご飯の炊《た》きこぼしをやって育てたという。ハヌマンラングールの赤ん坊はやがて大きくなり、家族の一員のようになり、飼っていた犬とも仲良くなっていっしょに蚤《のみ》とりや毛づくろいをするようになった。そして、オジョイがリキシャをこいで町に出かけて行くときには、かならず彼の肩や幌《ほろ》のうえに乗ってついていくようにもなった。

ある晩おそく、映画館の最後の幕がひけてからオジョイが乗せた客が、夜間の割り増し料金を払《はら》おうとせず、もめたことがあった。そのとき、不《ふ》穏《おん》な気《け》配《はい》を察《さっ》知《ち》したハヌマンラングールは、歯をむいて威《い》嚇《かく》し、オジョイの加勢をした。客はあわてていわれた料金を払い、逃《に》げていったそうである。

やがてオジョイたち夫婦にも、女の赤ん坊が産まれた。オジョイが飼っていたハヌマンラングールも、人間でいえば年のころ十五歳《さい》くらいの娘《むすめ》になり、産まれてきた赤ん坊に興《きょう》味《み》津《しん》々《しん》である。すきをみてはオジョイの妻の目を盗《ぬす》んで赤ん坊の頭をそっとさわったり、毛をかきわけてふけをとるようなしぐさをしたという。オジョイの妻はそのたびに叱《しか》りつけていたが、どうにも赤ん坊のことが気になってしかたがないようで、赤ん坊

が泣きだすと、顔をのぞきこんで、エッ、エッとのどをならしてあやすようなことをした。自然の群れのなかでは、ハヌマンラングールの若い雌《めす》は、このように他の赤ん坊のめんどうを見ながら子育てを覚えていくものなのだそうだ。

あるとき、ハヌマンラングールはオジョイの妻の目を盗んで、とうとう赤ん坊を自分のひざの上に抱《だ》いてしまった。赤ん坊をあやすようにゆすっているのだが、赤ん幼は頭が下で尻《しり》が上、逆さまに抱かれていたという。駆けつけたオジョイの妻が、あわてて引き離そうとすると、ハヌマンラングールは歯をむいて威嚇し、赤ん坊を抱いたまま外のコウエンボクに登ってしまった。やがて、その木から下りてきて、オジョイの妻がほっとした

のもつかの間、今度はもっと悪いことに、より高いベンガルボダイジュに登ってしまった。

オジョイの妻や姑《しゅうとめ》さん、近所の人たちがはらはらしながら見守るなか、ハヌマンラングールは長いこと木の上でじっとしていたが、やがて小糠雨《こぬかあめ》が降りだし、あたりがほの暗くなりはじめたころになって、ようやく木を下りてきた。そして、赤ん坊を台所の屋根の上に寝《ね》かせると、そのまま姿をくらませてしまったのである。幸いなことに、赤ん坊はもみあいのときにちょっと目尻《めじり》を傷つけただけで、大事にはいたらなかった。ハヌマンラングールは、オジョイに叱られることを察知してか、それから数日間家に帰ってこなかったそうである。

オジョイが可愛いと思ってさらったハヌマンラングールが、今度はオジョイの子を可愛いと思ってさらったのだから、皮肉なものである。どんな動物でも、赤ん坊は可愛いものだ。保護なしに生きていけない赤ん坊は、可愛くできているものなのかもしれない。その罠《わな》に大人たちはあっさりはめられてしまうのである。親をはじめそのまわりにいる大人たちは、赤ん坊の魔力《まりょく》に支配されて、その世話をしているとき、何にもまさる深い充実《じゅうじつ》感《かん》を感じてしまうのである。

それにしても、赤ん坊を可愛いと思う心のしくみが、動物の種《しゅ》の垣根《かきね》をこえて作用することに驚《おどろ》きと崇高《すうこう》さを感じざるをえない。と同時に、大人の心に「愛らしい」という感情を誘発《ゆうはつ》させる赤ん坊の力にも敬服してしまうのである。

その後、発情期《はつじょうき》を迎《むか》えるようになってから、相手のいないハヌマンラングールはオジョイにからんだり、噛《か》みついたりするようになった。オジョイもこれにはほとほと手をやいた。ハヌマンラングールは、つないであった綱《つな》を自分で外し、あちこち遠出をするようになった。これは書くに忍《しの》びないあまりに悲しい結末なのだが、いつものように自分で綱を外して木から木を飛び回っていたハヌマンラングールは、もっと高い送電線の鉄塔《てっとう》に登り、電線に触《ふ》れて感電し、死んでしまったというのである。

きっとオジョイたちも、娘のように可愛がっていたそのハヌマンラングールを青竹の担架の上に乗せて、赤い布をかぶせ、行列をなして運んでいったにちがいない。

59　　ハヌマンラングール　崇められるサル

ヘビ

地を這う神

インドではコブラはその毒牙のために人々に恐《おそ》れられ、また幸運と繁栄をもたらす神として崇《あが》められています。その背景には、古代から人の心の奥底に脈打つ蛇神信仰《じゃしんしんこう》があり、ヘビの神や女神たちの神話、霊験譚《れいげんたん》による神秘的な世界が繰《く》り広げられているのです。

学生時代を過ごしたコルカタ（旧カルカッタ）が懐《なつ》かしくなると、私は上野の動物園に行く。動物園の雰囲気《ふんいき》は、コルカタでも上野でもよく似ているのである。そしてゾウやサルたちをながめ、ユリノキの木陰《こかげ》で、缶《かん》コーヒーを飲む。同じ地上に生を受けながら、私たちとはその実践《じっせん》のしかたが異なるさまざまの動物を見ていると、いつの間にか心を縛《しば》りつけていたたがゆるんで、大らかな気持ちになってくる。そして、人間の群れのなかだけでの約束ごとや価値観が、なんだかちっぽけなことのように思われてくるのである。

爬虫類《はちゅうるい》館に行ってみた。大きなキングコブラがいた。その太さを見て、インドの野でこんなのに出合ったらどうしようと思った。体のわりに、目は小さい。どこを見ているのかわからないプラスチック・ビーズのような無表情な目が、よけいに怖《こわ》いのである。

現在もインドとの往来は続いている。滞在《たいざい》先は、西ベンガル州のムルシダバード県にある機織《はたお》りのさかんな村で、そこには、かつて一帯に勢力をほこっていたヒンドゥーの藩王《はんおう》の末裔《まつえい》が住むなかば崩《くず》れかけた城がある。村の外には稲田《いなだ》が広がり、大小の溜《た》め池と森が散在する。このような緑豊かで湿潤《しつじゅん》な土地では、ヘビと出合う機会も多い。

私が借りているのは、雑貨屋の店と棟《むね》続きになっている家であるが、最近になって、その店のほうにヘビが棲《す》みついていることを知った。暗い棚《たな》の上から空缶のガランガランという音とともにヘビが落ちてきたのである。店にいた人間たちも驚《おどろ》いたが、ヘビも驚いたようで、鎌首《かまくび》をもちあげ、あたりを威嚇《いかく》するように見回していた。

「殺すんじゃない！　家の守り神だったらどうする。踏《ふ》んだりしなければなにもしない」

あわてて棒をつかみ、ヘビめがけて振《ふ》り下ろそうとした使用人を、家の主人はこういって制止したのである。私は、インドでもヘビが幸運をもたらすものと考えられていることに、妙《みょう》な親近感を覚えた。

インドでは、ヘビはインダス文明の昔から崇拝されていたものと考えられているが、アーリア人もしだいに古くから先住民族のあいだで行われていた蛇神信仰を受け入れて、半神《はんしん》的存在とみなすようになっていったのだろう。とくにヘビのなかでも、興奮《こうふん》すると鎌首を高くもちあげてえらを広げるコブラの仲間は、ナーガと呼ばれて、人々の崇拝《すうはい》を集めている。

しかし、店の棚から落ちてきたヘビは、ベンガル語でチッティシャープというヘビで、小さいながらも猛毒《もうどく》の持ち主だったのである。かまれれば人が死に至るかもしれないヘビをそのまま見逃《みのが》してしまうのは、捕《つか》ま

えて殺してしまうよりも勇気のいることだと、私はそのとき思った。またいつか、そのヘビがベッドの下などにやってくることがあるかもしれない。ひどい近眼のうえにうかつ者の私は、きっとそれを踏んでしまうのではないだろうか。そう思うと、使用人が殺そうとしたのを止めないでおいてくれたほうがよかったのに……とも思うのであった。

インドの村では、毒ヘビにかまれて命を落とす人が少なくない。私が学生としてインドの西ベンガル州に滞在していたころの報告では、全インド二十州で一年間に毒ヘビにかまれて病院に運ばれた人の総数は二万四千人、そのうちおよそ六パーセントの人が命を落としている。なかでも西ベンガル州が群を抜いて多く、単独で過半数をこえていた。身近な例でも、学園内で、夕涼《ゆうすず》みに出掛《でか》けて側溝《そっこう》のへりに腰掛《こしか》けた職員の人が、ちょうどそこに這っていたコブラの上に足を下ろしてしまい、かまれて亡くなるという事件があった。また、親しい友人の従兄《いとこ》も、サトウキビ畑でコブラにかまれて命を落としている。

友人の話では、そうして毒ヘビにかまれて亡くなった人は、荼毘《だび》にふさずに川へ流すのだという。彼らも従兄の亡骸《なきがら》をバナナの幹のいかだの上に横たえて、白い布で覆《おお》って川へ流したという。ベンガル地方で人気があり、歌い語られ、村芝居でもよく演じられるヘビの女神モノシャ（ヒンディー語名マナサー）の霊験記《れいげんき》のなかにもその様子が語られている。

数年前、ガンガー河口近くにあるドゥルバチョティという村へ、絵巻物を携《たずさ》えて語り歩く絵師たちを訪ねて行った。その途中《とちゅう》で、実際に私もそんな光景を見たのである。

カグディープという小さな港町からぽんぽん船に乗った。私たちをのせた船は、幅《はば》の広い河を、あちらの岸からまたこちらの岸へと両岸にある村を綴《つづ》るように、下流へと下っていった。桟橋《さんばし》はおろか目印もない小さな船着場では、足を縛《しば》ったニワトリや野菜を山積みにした籠《かご》、布包みなどを頭の上にのせた客たちが、すでに川床《かわどこ》のぬかるんだ土の上に降り立って、船が着くのを待っている。そうした村人を乗せたり下ろしたりしながら船は進んでいく。岸辺の濡《ぬ》れた粘土《ねんど》の上でとぼけた顔をならべて寝《ね》そべっていたトビハゼが、突然《とつぜん》の船の波に驚いていた。

やがて、行く手に、白く四角いものが岸辺の茂《しげ》みにつかえて止まっているのが目に入った。船が近づいていくにつれ、その四角いものが蚊帳《かや》であることがわかった。二メートルくらいの長さに切られたバナナの幹をいかだに組んで、その四隅《よすみ》に突き立てた竹の棒に蚊帳が吊《つ》ってある。そしてそのなかには白い布にくるまれた遺体《いたい》のようなものが横たわっていたのである。同船していた他の人たちもそれに気がつき、ざわめきだした。

「ヘビにかまれたんだ。長年この河を行き来しているが、こんな光景を見たのは初めてだ」

風が蚊帳のなかの白い布をぱらりとめくり上げ、頭の一部が見えた。まだあどけない少年である。

向かいに座っていた老女がいった。

「ヘビにかまれて死んだものはみんなこうしてガンガーに流すものだよ。素焼きのランプを枕元《まくらもと》に置いて、そのわきにトゥルスィー（カミメボウキ）の葉を小山にしてね……」

その老女も、兄をコブラにかまれて亡くしたのだそうだ。カミメボウキはヒンディー語でトゥルスィーと呼ばれるシソ科の多年草で、全体にハッカのような香気《こうき》があり、その香りは地下、地上、天の三界を浄化《じょうか》するという。蚊帳のなかには、その香気とともに、突然わが子を失った両親の悲し

みが、今もなお漂《ただよ》っているかのように思われた。

その晩、私たちはポトゥア（語り絵師）のシュディールさんの家で、ランプの光をかこんで絵巻物の絵を見、歌い語りを聞かせてもらうことになった。絵巻物のたくさん詰《つ》まった肩《かた》さげ袋《ぶくろ》のなかには、ヘビの女神モノシャの霊験記の絵巻物もある。もちろん私は、モノシャ霊験記をリクエストした。

「モノシャの女神に勝利あれ。美しきモノシャ、毒を制す女神よ、おんみはハスの葉に生まれたもうた……」

シュディールさんは、縦長の絵巻物をぱらりとほどき、その端《はし》にとりつけられた柄を左手に持って高くかかげ、右手で画面を指し示しながらさびのある声で歌いはじめた。

絵語りのあらすじはつぎのようなものであった。

ヘビの女神モノシャを忌《い》み嫌《きら》って決して祭ろうとしない富豪《ふごう》の商人を、女神モノシャはなんとしても屈伏《くっぷく》させようとする。そして女神は、商人の息子たちの結婚《けっこん》の日が来るたびに毒ヘビを遣《つか》わして、つぎつぎと息子たちを殺していく。商人は、七人目の末の息子の命だけは救おうと、結婚式の夜、息子と嫁《よめ》のベフラを堅固《けんご》な鉄の部屋にかくまうが、モノシャのヘビは針の穴のような隙間《すきま》から入り込んで、とうとう息子を殺してしまう。

夫婦の契《ちぎ》りを結んで一日もともに過ごすことのないままバナナのいかだに乗せられ、ガンガーに流される夫。ベフラは親たちの制止を振り切って、いかだに乗り込み、夫の亡骸《なきがら》とともに河を流れ下っていく。途中の岸辺には、若いベフラにいい寄る男や、ジャッカルが群れ寄るが、ベフラはものともせず、朽《く》ちていく夫の亡骸をひざに抱いたままなおも流れていく。すると、ある岸辺で天界《てんかい》の洗濯女《せんたくおんな》が神々《かみがみ》の衣を洗っているのに出会う。ベフラはさっそく、彼女を助け、神々の衣を洗った。ベフラの洗う衣は太陽のように光り輝《かがや》き、それを手にしたブラフマー、ヴィシュヌ、シヴァの三神は大いに喜んでベフラを天界へと招く。そこでベフラは歌って踊《おど》り、さらに神々を満足させ、褒美《ほうび》に願いごとを叶《かな》えてもらうことになるのである。ベフラは、舅《しゅうと》である商人にシヴァの娘であるモノシャを祀《まつ》らせることを約束して、夫の命ばかりか先に死んだ義理の兄たちの命までも取り戻《もど》し、無事に商人のもとに帰ってくる。

このモノシャの霊験記は、知恵《ちえ》と勇気のある貞女《ていじょ》ベフラの話として、ベンガル地方では歌、語り、芝居ばかりでなく、映画にもなったほどで、だれもが知っている。シュディールさんの、やや単調でのどかな抑揚《よくよう》の歌い語りによって繰《く》り広げられる絵を見ていると、まさにそれらのシーンが、私たちが今たどってきた船からの風景そのもののように思われてくるのだった。そしてまた、まだ幼《おさな》いわが子をバナナのいかだに乗せてガンガーに流さざるをえなかった親たちも、きっとこのベフラの物語を心に思いながら、わが子の再生を心の奥《おく》で願い、蚊帳を吊り、やっとの思いで流したに違《ちが》いないと思うのだった。

イヌ

閻魔の使い

イヌは古くから私たちの生活域のなかで、ともに暮らしてきた動物です。イヌと私たちとのかかわりは、ほかの動物よりも密接で従属《じゅうぞく》的《てき》であるために、神聖視《しんせいし》されるようなことはあまりありませんが、それだけに人間との心温まる話は多いようです。

インドのイヌは、日本のイヌよりずっと自由を享受《きょうじゅ》している。人に撫《な》でてもらったり家に入れてもらったりするようなことはあまりなく、大体がいつも腹をすかしているけれど、首輪をはめてつながれることもない。いつでも行きたいところに行けるのである。彼らは町の辻《つじ》にたむろして、彼らの関心事《かんしんごと》にいつも夢中になっていられる。そのせいか、あまりフラストレーションもたまらず、通行人に吠《ほ》えかかるようなイヌは少ない。

インドの西ベンガル州で学生生活を送っていたころ、私は学園の近くにある友人の村によく出かけた。そこにも、昼の食事どきになるとかならずやってくるイヌがいた。目の上に眉《まゆ》のように褐色《かっしょく》の斑点《はんてん》のある、いわゆる四《よ》つ目《め》のイヌで、人間たちの食事が終わるまで中庭のかたすみでじっと待ち、友人のお母さんから残りご飯をもらうのである。聞くと、その家で飼っているイヌではないという。

「四つ目のイヌはヤマ（閻魔《えんま》）の使いなのよ。ヤマは四つの目をもつイヌを従えていて、それをこの世に遣《つか》わせて次に死の国に行くべき人を嗅《か》ぎ出させるの。だから四つ目のイヌは家で飼ってはいけないし、邪険《じゃけん》にしてもいけないの」

そういえば、インドの仏教《ぶっきょう》遺跡《いせき》ブッダ・ガヤーにあるチベット寺院の壁《かべ》に描《えが》かれたタンカ画の一角に、イヌを従えた閻魔大王《えんまだいおう》が描《えか》かれていたのを私も見たことがあるが、そのイヌには、きちんと四つの目が描かれていた。私も、子どものころ、四つ目のイヌは縁起《えんぎ》が悪いから飼《か》ってはいけないといわれたのを思い出す。目の上に斑点をもつイヌにとってはたいへん迷惑《めいわく》な話だが、その発端《ほったん》はこんなところにあったのかと、あらためてインド文化の影響《えいきょう》の大きさを知るような思いがした。

とはいえ、そんな話をインドの村の人がみんな本気で信じているというわけでもない。目の上に斑点のあるイヌはけっこう多いものだし、そんな斑点のあるイヌを、とても可愛《かわい》がって飼っていた人を私は知っている。

インドが一年でいちばん暑くなる四、五月、学園は夏休みになる。ある年の夏休みに、生活用具一式をもって、私は友人の家にもぐりこんだ。強烈《きょうれつ》な日差しに熱せられて熱気をおびてしまうコンクリートの学生寮《りょう》にくらべて、分厚い土壁《つちかべ》でできた友人の家は、ずっとしのぎやすかったのである。

私のために用意された部屋は、母屋《おもや》の一室だった。タールで黒く塗《ぬ》られた木の扉《とびら》を開けると、なかは真っ暗で、正面の閉ざされた木製の小窓のすき間から細いすじをなして光が差しこみ、床におちていた。止《と》め金《がね》をはずし、窓を開けると、バナナやミミイチジクの葉をぬっておちる緑色のまぶしい光がなだれこんできた。それらの木々の向うに、白く乾《かわ》いた中庭を前にして立つそまつなわらぶきの家が見え、その戸口の敷居《しきい》にあごをのせて、じっと誰《だれ》かの帰りを待っている一匹の若いイヌがいた。それが四つ目でありながら、主人にとても可愛《かわい》がられていたイヌだったのである。

その家の主人は、学園の近くにあるコルカタ（旧カルカッタ）の商人のお屋敷《やしき》で庭の手入れをしていた。私は、天秤棒《てんびんぼう》をかついで井戸から水を運んできては木々の根元にそそぐ彼の姿を見たことがある。友人の家に仮住まいをするようになると、私はすぐにその人と仲良くなった。というのも、彼はひじょうに植物が好きで、ビャクダンが半寄生性《はんきせいせい》の木で、植え付けが難《むずか》しいことや、ココヤシは、植え付けまえに、塩を施《ほどこ》しておくとよいことなど、インドの庭木の性質をよく知っていて、私とは話が合ったからである。

そのイヌはラジャと呼ばれていた。ラジヤはいつも主人が家につづく小路《こうじ》に足を踏《ふ》み入れるや、姿が見えないうちからぱっと起き上がって、駆《か》け寄っていく。そして、足元にからみつくようにしながら主人とともに中庭へと入ってくるのである。その人は、いつも幼い息子にはヒヨコマメの粉菓子《がし》をお土産《みやげ》に持ち帰り、そしてラジャのためにもお屋敷《やしき》の調理場《ちょうりば》から出た骨や肉などを持ち帰るのを忘れなかった。それから、主人は戸口《とぐち》の敷居《しきい》に腰《こし》を下ろし、奥《おく》さんからバケツの水で足を洗ってもらうと、家のなかへ入るのである。それがすんで、夕闇《ゆうやみ》がせまりかけるころ、奥《おく》さんはトゥルスィー（カミメボウキ）というハッカのような匂《にお》いのする聖なる草の根もとに灯明《とうみょう》を供《そな》え、手火鉢《てひばち》にサラソウジュのヤニを薫《た》いて白煙《はくえん》をその草にかけた後、もうもうと煙《けむ》る手火鉢をもって部屋から部屋を清めてまわるのである。そしてまた明るみの残った空へむけてほら貝を吹《ふ》き鳴らし夕方の祈《いの》りをするのである。そのほら貝ののどかな音には、なにはともあれその日を無事に終えることができたという安堵《あんど》の響《ひび》きがある。

裏の家の中庭で日々なにげなくくり広げられるそんな祈《いの》りの情景《じょうけい》は、小

さな窓をとおして私のもとへも安らぎをもたらしてくれるのだった。そして、主人の土産《みやげ》を食べ終えたラジャはといえば、主人の姿の見える戸口に腹ばいになって、その一挙一動をじっと見まもっているのである。そんな状態だから、毎朝仕事に出かけるときについてくるラジャを追い返すのが、彼のひとつの大きな仕事になっていた。

いよいよ暑くなりはじめる四月のなかごろ、荒行《あらぎょう》をしてシヴァをたたえるガジョンの祭りがある。その日にそなえて、多くの村の男たちは、ガンガーのほとりにあるウッダロンプルという町の沐浴場《もくよくじょう》に、みそぎに出かけるのである。裏の家の主人も気のあう仲間《なかま》数人とそこへ出かけることになった。途中《とちゅう》にあるキリナハルの町まで二十キロメートルくらいを徒歩で行き、そこから小型のトイ・トレインに乗ってカトワという町まで行くのである。車両の大きさはバスくらいで、現在はディーゼル機関車によってひかれているが、当時は蒸気機関車だった。村人を乗り降りさせながら田園のなかを自転車よりやや速い速度で走る小さな蒸気機関車は、まるでおとぎの国の列車のようである。みんなはまえもって前日の夜更《よふ》けに出発した。

夜風がふるふると音をたてながら耳もとをかすめる。くったくのない話をしながら夜道を歩くのは楽しい。闇《やみ》のなかにぼーっと白く浮《う》かびあがる田舎《いなか》の道をだいぶ歩き進んだころ、仲間のひとりが、つねに背後の道わきからぱさぱさというもの音が聞こえてくることに気がついた。立ち止まればその音も止《と》まり、振《ふ》り返っても闇のなかにはなにも見えない。「幽霊《ゆうれい》ではないか」とひとりがいうと、みんなは急に背筋《せすじ》が寒くなり、はずんでいた会話も止まってしまった。それからはみな寄り添《そ》うようにしてその場を早く通り過ぎようと足を速めたが、その音はいつまでもついてくるのだった。しかし、裏の家の主人の脳裏《のうり》にだけは、それはもしかしたら稲刈りのすんだ乾《かわ》いた田のなかを、稲株《いなかぶ》をけりながら小走りについてくるラジャの足音ではないだろうか、という心配がよぎるのだった。

やがて、キリナハルの駅の近くまでくると空が白《しら》んできてあたりの景色が見えるようになってきた。その音は、彼が心配したとおりラジャの足音だった。

「ラジャ」

彼が呼ぶとラジャは、主人から同行《どうこう》のお許しが出たと思ったのだろう。喜んで姿をあらわし、尻尾《しっぽ》を振《ふ》りながら足元に駆《か》け寄ってじゃれつくのだった。その日ばかりはラジャをしっかりとつないで出たはずなのに、ラジャはその綱《つな》をぬけてしまったにちがいない。彼は、しかったり、土塊《つちくれ》を投げたりしてなんとかラジャを追い返した。ここまで来るには、途中《とちゅう》いくつもの村で多くのイヌに襲われたことだろう。無事に帰れるかどうか心配だが、すでに汽車がやってくるのが見える。とりあえずラジャの姿が見えなくなったところで、彼は後ろ髪《がみ》を引かれる思いを振り切って汽車に乗ったのである。だが、汽車が走りだしてしばらくすると、車窓の外に汽車を追って走ってくるラジャの姿が見えるではないか。彼はあわててかたわら

においてあったガムチャ（大判の手拭《てぬぐ》い）を丸めて結ぶと、怒《おこ》った表情でラジャに投げつけながら「ラジャ！　帰るんだ」と大声で叫《さけ》んだ。すると、ラジャは急いで彼が投げたガムチャのほうに走っていき、それを口にくわえると、また必死になって列車の後を追いはじめたのだった。そして間もなく、列車がある村にさしかかると、道端《みちばた》にたむろしていた野良イヌたちが鉄道のわきを走るラジャの姿を見つけ、うなり声をあげながら駆《か》け寄ってきたのである。裏の家の主人はラジャが多くのイヌにとりかこまれ、さんざんにかまれるのを目にしながら、何もできないままその場から遠ざかっていくしかなかったのである。彼は気もそぞろでガンガーでの沐浴《もくよく》をすませ、急いで家に帰った。

家に着くと、ラジャは先に帰ってきていた。体中かみ傷でいっぱいで、息も絶《た》え絶《だ》えになっていた。それでも主人の姿を見て、ラジャは力なく尻《しっ》尾《ぽ》を振《ふ》って見せるのだった。主人は村の医者に見せ、薬を飲ませたり冷やしたりあらゆる手当をしたが、そのかいなくラジャは傷が化膿《かのう》して、死んでしまった。主人はあのときに駅からいっしょに連れて帰らなかったことを後悔《こうかい》して泣《な》いた。

インドの巷《ちまた》にたむろする多くのイヌは、まったくの野良犬《のらいぬ》というわけでもなく、またはっきりとした飼い主が決まっているわけでもない。飼《か》い主《ぬし》と呼《よ》べるのは、食事どきに余ったご飯があればくれる人というくらいのものである。イヌは、ほんとうに自分のことを思ってくれる人を主人と心に決め、つねにその人につくすのを喜びとするものである。そういう意味では、ラジャはインドの村のイヌ、しかも閻魔《えんま》の使いとされる四つ目のイヌとして生まれながら、心のかようやさしい主人を得ることができた幸せなイヌだったといえるのかもしれない。

ジャッカル

悪魔の子

ジャッカルは、物語の世界ではずる賢《かしこ》い悪者、または知恵《ちえ》によって人を助ける賢者《けんじゃ》として登場しますが、村人にとってはニワトリや家畜を狙《ねら》う害獣《がいじゅう》です。注意深く、人の裏をかき、なかなかつかまりません。

こんな夜ふけに
戸をたたくのはだれ？
いやだれでもない、
風がたたいているのだ
ウッラ村の野から、
ジャッカルの遠吠《とおぼ》えが聞こえる
フッカフワー……

インドに留学して初めて手にしたベンガル語の教科書に、このような一節があった。あれからもう三十余年たつ。山ほどあったもっと重要なことはみな忘れてしまっているのに、最初に覚えたこんな文の一節を忘れないでいるのは、不思議なことだと思う。見るもの聞くものすべてが異なる新しい世界で、新鮮な驚《おどろ》きをもって入ってきた言葉は、いつまでたっても心に残るものなのだろう。

ジャッカルはイヌと同属で、イヌと同じように夕暮れ時に遠吠えをかわす習性がある。どこからか遠吠えが聞こえてくると、何はさておいても吠《ほ》えなくてはいられなくなる。まるでそれがイヌ属ジャッカルのあかしであるかのように……。

古代インドのサンスクリット説話集《せつわしゅう》『パンチャタントラ』に、こんな話がある。

家畜を狙《ねら》って村に入った一匹のジャッカルが、イヌに追われてあわてて藍《あい》の入ったかめに飛び込んだ。イヌたちがいなくなり、かめから出たときには、ジャッカルは、頭から足の先まですっかり青く染まっていた。森に帰ったジャッカルは、ほかの動物たちが自分を見て驚《おどろ》き、恐《おそ》れをなすのを見てとると、「私は神から遣《つか》わされた新しい獣《けもの》の王なのだ。私にさからう者は死ぬだろう」といった。ライオンやトラ、ゾウ、ほかの動物たちもみな彼のいうことを信じ、新しい王にかしずいた。それから青いジャッカルは、自分がジャッカルであることをさとられないように、ほかのジャッカルをみな森から追い出してしまった。

ところが、一匹の年老いたジャッカルが「あれはたんなるジャッカルだ。化《ば》けの皮をはがしてやろう」といって、夕方、仲間をよび集めていっせいにワッカフワーと吠《ほ》えた。すると、頭上に傘《かさ》をかかげられて王座にすわっていた青い王も、ついうっかりワッカフワーと吠《ほ》えてしまったのである。

正体がばれてしまったジャッカルは、ライオンやトラに殺されてしまった。

それにしても、ジャッカルの遠吠えが、ワッカフワーというのがなんだ

かとてもおもしろい。ほんとうにジャッカルはそうなくものなのだろうか。

ジャッカルの遠吠えをよく耳にするようになったのは、大学を後にして、西ベンガル州のムルシタバード県にある古い村に移ってからだった。その村の中心には、かつて隆盛《りゅうせい》をほこった藩王《はんおう》の城があった。今も崩《くず》れかけた煉瓦《れんが》造りの大きな門が立ち、室内の装飾《そうしょく》をあらわにした建物の一部が残っている。聞くところによると、その半ば崩れた城の奥の一室には、今も白《はく》髪《はつ》の老王妃《ろうおうひ》がひっそりと暮らしているという。そのまわりには、人の踏《ふ》み込まない深いやぶが取り巻いていた。きっとジャッカルは、その崩《くず》れた瓦《が》礫《れき》の間ややぶにも、棲《す》んでいたにちがいない。

ジャッカルの遠吠えは、とくに冬の夕方によく聞こえてきた。インドの冬の夜は、凍《い》てつくほどではないが、じゅうぶん寒い。人々が家に入るころ、夕映《ゆうば》えの残る野の遠くから、フワ、フワーッー、フワーッという奇《き》妙《みょう》な声《こえ》がわきおこる。すると、決まってそれに応えるようにあちらこちらからフワーッ、フワフワーッという鳴き声がわきおこるのである。その声はあの本のとおりだった。さかりのついた猫の声のようでもあるし、また人間の赤ん坊の泣き声のようでもある。彼らは、逆らうことのできない何かの力によって、どうしても吠《ほ》えなくてはいられなくなってしまうようなのだ。その声は、遠くでわきおこったかと思えば、村の近くの茂《しげ》みからもわきおこる。そしてひとしきりなき交わしてから、やがて静まる。それは群れと群れのあいだの重要な会議のようにも聞こえるし、人間たちをあざ笑っているようにも聞こえ、また、不吉なできごとのまえぶれのようにも聞こえた。

村の人は、ときどき子ヤギを殺されたりニワトリを盗まれたりするので、ジャッカルを目のかたきにしていた。だが、ジャッカルはひじょうに賢《かしこ》く、

人間がいろいろな策をめぐらせても、その裏をかき、そう簡単にはつかまらないのである。そんなジャッカルを、私の友人はつかまえて飼ったことがあるという。畑仕事の帰り、たまたま土手《どて》で授乳していたジャッカルを見つけ、その子どもをつかまえて家へもち帰ったのである。そのときのようすを、彼はこう語った。

夕方、畑中の道を歩いていると、すぐわきの盗賊芝《とうぞくしば》におおわれた土手で、一匹の雌《めす》のジャッカルがねそべって子どもに乳を飲ませていた。それを見て、友人は、いくら害獣《がいじゅう》とはいえ彼女らの至福《しふく》の一時を壊《こわ》すのはしのびないと思った、と同時に、こんなに無防備《むぼうび》でいるジャッカルに出会うチャンスもまたとない、とも思った。数歩あゆみ寄ると、ジャッカルは彼に気づいて、驚《おどろ》くほどの俊敏《しゅんびん》さで立ち上がった。そして、子どもたちが乳房《ちぶさ》から落ちるのをかえりみるひまもなく、あわてて土手の後方へ退いた。その動きが、友人の心のなかにひそむ狩猟《しゅりょう》本能を刺激した。彼は、土手の真下に巣穴と思われる丸い穴があいているのを見逃さなかった。そして、そばにあった土塊《つちくれ》を手にとると、駆《か》け寄ってその口をふさいだのである。突然乳房から振《ふ》り落とされたジャッカルの子どもたちは、あわてて母の後を追ったが、そのうちの二匹が追いきれず、巣穴へ逃《に》げ込《こ》もうとつめかけた。だが、口は土塊でふさがれている。急いで駆け戻《もど》る母親をよそ目に、彼は、うろうろしていたジャッカルの子のうち一匹をつかまえて、家にもちかえったのである。友人は、ジャッカルの子にラムーという名をつけて、牛乳を与え、犬の子のラジャといっしょに育てはじめた。ラムーはすぐにラジャと仲良くなって、人間たちにもなつくようになった。また、子犬とじゃれあうジャッカルの子の姿がとても愛くるしいのである。友人がジャッカルの子を可愛《かわい》がるのを見て、彼の父親はこういうのだった。

「いくら可愛がっても、シャイターン（悪魔《あくま》）の子はシャイターンなのだ」

そのうち、すこし大きくなってくると、ラムーはラジャといっしょになってアヒルの群れを追い回したりして、友人におしおきをくらうようなこともあった。しかし、犬の子ラジャとの違いは、ラジャは主人にしかられたことは二度としないのに対して、ジャッカルの子ラムーはそれをすぐに忘れてしまうことだった。

ラムーのなかに内在する野性は、成長の局面で、少しずつ行動となってあらわれはじめた。ある日、ラムーは、アヒルを追ってじゃれているうちに、逃げ惑《まど》うアヒルののどもとに飛びかかり、噛《か》みついてしまった。父親の留守のできごとだったので、友人はほっと胸をなでおろした。

そんなことがあって数日してから、ラムーは、今度は今までに見せたことのない行動をとるようになった。夕闇《ゆうやみ》がせまり、遠くからジャッカルの遠吠えが聞こえてくると、ラムーは耳をそばだたせて聞き入った。それから、前脚《まえあし》をきちんとそろえて地につくと、そこへ口先をうずめるようにしてフッ、フワーッ、フウワーッと声をたてはじめたのである。それは、そうせざるをえない何か不思議な力に支配されているかのようだった。雄《おす》のジャッカルはのどを天のほうへまっすぐのばして吠えるのだが、雌のジャッカルは地面に鼻面をつけるようにして吠《ほ》えるものらしい。それは、孤立《こりつ》していても、見えないきずなによって個は群れと強くつながっていることのあかしだった。人間のなかでペットとしてイヌのような生を実践《じっせん》してきたラムーにまで、ジャッカルという種の箍《たが》が掛《か》けられていることに、友人はとまどいを感じた。そして、それを見て、はじめて自分がジャッカルの子をさらって育てていることが、なんだかとてもかわいそうで、罪なことをしているように思われたのだった。

「見たことか！　シャイターンが本性をあらわしだしたぞ。今のうちに殺してしまえ」

父親がこういうのを聞いて、友人は一度はラムーを森に捨てにいったのだが、ラムーは数日してまた戻ってきてしまった。呼べばラジャといっしょに駆《か》け寄ってくるラムーを見ながら、友人は、もう少し訓練したらよくなるのかもしれないと思い、またイヌとしてではなく、ラムーはジャッカルのラムーとしてなんとかいっしょにやっていけないものだろうか、とも思うのだった。

しかし、結末はこんなふうにやってきた。ある日、野良仕事から帰ってみると、中庭に子ヤギとラムーが死んでころがっていた。

「子ヤギにまで牙《きば》をたてやがった。シャイターンめが！　こうなるのがこいつの運命だ」

棍棒《こんぼう》を手にしたまま庭の真ん中に立っていた友人の父親がいった。友人は、動かなくなったラムーをかかえ、なでた。そして、ラムーを母から引き離《はな》したあの盗賊芝に覆《おお》われた土手にもっていって、埋《う》めた。

トラ

間抜けな猛獣

近年、急激に姿を消しつつあるトラは大半がインドに生息し、中でもガンガー（ガンジス）河口に広がるマングローブの森は最大のコロニーになっています。そこでは近隣《きんりん》の住民がトラに襲《おそ》われる事故が頻発《ひんぱつ》し、逆に密猟《みつりょう》も後を絶ちません。

インドの西ベンガル州南部と、バングラデシュ西南部の国境近くのガンガーのデルタ地帯には、広大なマングローブの密林が広がっている。ベンガル湾《わん》沿いに二百六十キロメートルにわたって広がるその森を、土地の人たちは、ベンガル語でシュンドルボン、ヒンディー語でスンダルバンと呼《よ》んでいる。どちらも「美しい森」という意味である。大部分が低湿地《ていしっち》で、人の住むことのないその森林地帯は、インド亜大陸最大のトラの生息地になっており、一九九七年に世界の自然遺産に指定されている。

友人のニマイ君とともに、そのシュンドルボンに出かけたのは、もう二十年も前のことだが、あのときの記憶は今も鮮明《せんめい》に脳裏《のうり》に残っている。

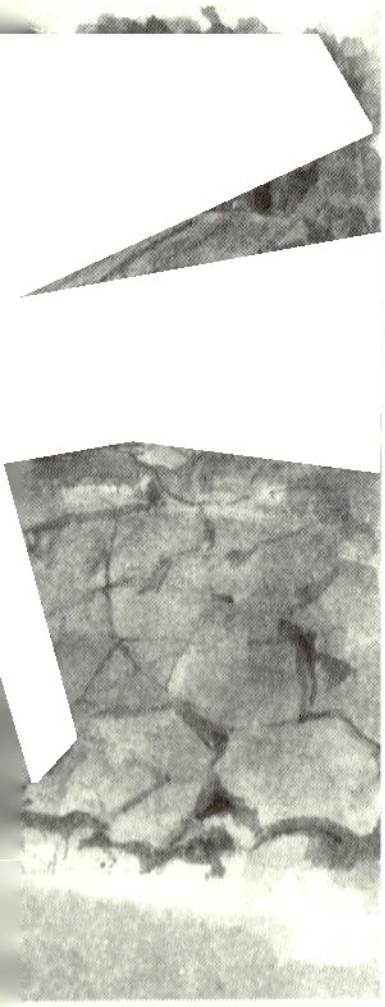

ガンガーの支流を、私たちの乗った小さな帆掛《ほか》け舟《ぶね》は、村人を乗り降りさせながら、こちらの岸からあちらの岸へと縫《ぬ》うように下っていった。途中、モッラカリという船着場の水辺に張り出た小さな宿で、夜を明かした。竹組みの二階家は電気もなく、ランプの薄《うす》明かりのなかで憩《いこ》う旅人たちの安らかな寝息《ねいき》、寝返《ねがえ》りのたびにきしむ竹の音、そのほかは何一つ聞こえない。中世から変わらない時がそこを支配しているように思われた。

シュンドルボンのショジュネカリというところにあるフォレスト・オフィスに渡し舟で行くと、金網《かなあみ》に囲まれた観察場が設置されていて、そこから野生のトラが見られるようになっていた。アクシスジカだけしか見られなかったが、金網の外のぬかるみにトラの足跡《あしあと》があったので、石膏《せっこう》を持参していた私は、網の外に出て足型をとった。しかし、それはとても危険なことだったのだと知った。

「トラはいつどこに潜《ひそ》んでいるかわからない。突然襲《おそ》うのだ」と、渡し舟の船頭さんにきつく叱《しか》られたのである。

じっさい、その船頭さん自身、トラに襲われた経験の持ち主だったのである。蜂蜜《はちみつ》をもとめて野生のミツバチの巣をとりに入る村人をシュンドルボンに渡してから、岸辺に近い水上に舟を止め、休んでいたところを襲われたのだそうだ。船頭さんは、突然背後から飛びかかってきたトラに、前足で尻《しり》をはたかれ、水中に落ちた。事態を察知した船頭さんは、そのまま水中にもぐり、水底の木の根をつかんで、トラが去るのを息を殺して待った。見上げると、水面を泡《あわ》だてながら水をかく四本の足が見えたという。そのときにできたひっかき傷は、今も大きく尻に刻まれているそうで、彼は、腰布《こしぬの》をほどいて見せてくれようとした。

河の向かいにあるゴショバという村からそう遠くないところに、ビドゥババパラ（後家集落《ごけしゅうらく》）というあだ名で呼ばれる集落があった。そこの男たちは、蜂蜜や、薪《たきぎ》をとりにシュンドルボンに入ったまま帰らぬ人となり、多くの妻たちが未亡人になってしまったからなのである。ベンガルというインドのなかでも人口過密地帯に隣接《りんせつ》したシュンドルボンのトラたちは、人間の味をしめているものが少なくない。そういうトラは、森で作業をする人たちの背後からそっと忍《しの》び寄り、突然襲いかかるのである。それを避《さ》けるために、村人たちは人の顔を描いた面《めん》をもっていき、それを頭の後ろにかぶって作業をする。襲おうとして近づいたトラは、その面を顔だと思い、背後に回ろうとして正面に現れる。それで人はトラに気づき、武器を構えたり、逃げる体勢を整えたりすることができるのである。トラをおちょくったようなおかしな方法だが、じっさい、その面で命拾いをした人が何人もいるのである。

ゴショバ村に住む漁師たちの集落を訪ねると、ほとんどの家の庭のかたすみに小さなほこらがつくられていて、ボノビビという森の女神が祀《まつ》られていた。シュンドルボンにミツバチの巣や薪をとりに入る前には、無事を祈願《きがん》して、必ずボノビビに祈りをささげてから出発するのだという。そのボノビビの祭りの日には、男の子たちは対岸に見えるシュンドルボンまで泳いで渡り、森の木の枝を折って持ち帰るのがならわしになっている。ワニの棲《す》むような河を泳いで渡るのは怖《こわ》くないかと聞くと、村の少年たちからは「ボノビビが守ってくれるさ。怖くはないよ」という返事が返ってくるのだった。

そのボノビビという女神は、シュンドルボン界隈《かいわい》に限らず、インドの西ベンガル州の南部では広く信仰《しんこう》されている女神である。上流のキャニングという港町で、ボノビビにまつわる霊験譚《れいげんたん》のような物語を、渡し舟の船頭さんから聞いた。あらすじはつぎのようなものであった。

ドナという蜂蜜商人が、七艘《そう》の舟を連ねてシュンドルボンへ蜂蜜をとりに行くことになった。料理人の手伝いが足りないというので、ドナは少年ドゥキを連れていくことにした。

ドゥキの母親は、止めても聞かない愛息子《まなご》に、

「もしもジャングルで困ったことがおきたら、ボノビビの名を呼ぶのですよ」といって、しぶしぶドナの舟に乗ることを許した。

ドナたちは、ジャングルの奥深くまで根のように入り込む支流をくまなく回ったが、どういうわけかミツバチの巣はひとつも見つからなかった。頭を抱《かか》えて悩《なや》むドナの夢枕《ゆめまくら》に、ライモニという神が現れてこういうのだった。

「ドゥキをジャングルに置いていけ。そうすれば、ミツバチの巣はほしい

だけ与《あた》えよう」

ドナは、夢のお告げに従うことにした。そして料理に使う薪を拾ってくるよういいつけ、ドゥキを舟から降ろし、そのまま去っていってしまったのである。すると、その日から、ミツバチの巣はとりほうだいになった。

いっぽう、残されたドゥキが森のなかをさまよっていると、トラの姿になったライモニが襲いかかってきた。河に飛び込もうとすれば、ワニが大口をあけて待っている。窮地《きゅうち》におちいったドゥキは母の言葉を思い出し、ボノビビの名を大声で呼んだ。その声は森にこだました。

すると、突然あたりの梢《こずえ》がざわめいて、風とともにボノビビが現れた。その姿を見て、トラはおずおずと尻込《しりご》みをし、逃《に》げ去っていったのである。

ボノビビは、ドゥキをしばらく自分の館に置いたのち、土産《みやげ》物を持たせて、母親のもとに送り届けた。てっきり息子は死んだものと思い、嘆《なげ》きのあまり目が見えなくなっていた母親は、泣いて喜んだ。そして、めしいた母の目からあふれる涙を拭《ぬぐ》おうと、ドゥキが手をふれると、その目はぱっちりと開いたのだった。

トラは、力ない人間にとっては恐ろしい存在である。いざ現実に、森で出くわしたときの恐怖《きょうふ》ははかりしれない。村の青年の一人がいった。

「岸辺にトラの姿を見たときは、ちぢみあがったよ。あわてて舟をこいで逃げたが、いくらこいでも進まない。気がついたら、舟は木につないだままだったんだ。あはは」

しかし、ベンガルの村人のあいだで語り伝えられる昔話の世界では、トラは決まって間抜けな猛獣《もうじゅう》として描かれているのである。シュンドルボンに近いドゥルバチョティという村に住むポトゥア（語り絵師）から、こんな物語を聞いた。

〈バラモンとトラ〉

バラモン（ヒンドゥーの僧）が川岸を歩いていると、ぬかるんだ深い穴に、トラが落ちてもがいていた。哀《あわ》れな声で救いを求めるトラに、バラモンが「助けたはいいが、後が怖い」というと、トラは「いや、窮地《きゅうち》の救い主よ、おれは恩人を裏切るようなことはしない。どうか助けてくれ」という。そこで、バラモンは綱《つな》を下ろして助けてやった。

綱を頼《たよ》りにやっと穴の外に出ることができたトラは、泥を落としてから、こういった。

「ああ、腹がへった。さて、お前を食って元気をつけるとするか」

これを聞いたバラモンは、あわてふためいた。そして「そんな不道理《ふどうり》が許されてたまるもんか。ようし……」といって、トラがしようとしていることの善し悪しを裁いてもらおうと、川を流がれていた土釜《どがま》に問いかけた。

121　トラ　間抜けな猛獣

しかし、土釜は「人間はご飯を炊《た》くときはさんざん私の世話になっておきながら、ちょっと穴があいたからといって私を川に捨てたんだ。人間に道《どう》理《り》がどうのこうのいえたもんか」という。これでは仕方がない。そこでバラモンはつぎにそばに生えていたバナナの木に問いかけてみた。だが、バナナも「人間はご飯を食べるときは私の葉を切って皿にし、実がなれば実、花が咲《さ》けば花までもっていく。人間に道理なんてあったもんじゃない」といってとりあってくれない。

困りはてたバラモンは、道ゆくジャッカルを呼び止めて聞いた。すると、ジャッカルは「ええっ？　君たちのどっちが穴に落ちていて、どっちがそれを助けたんだい？　よくわからないなあ。他人に裁きを頼《たの》むには、もとの状況《じょうきょう》を再現してくれなくちゃあいけないよ」という。

そこで、バラモンは穴のふちに立ち、トラは穴の底に下りていった。

ジャッカルはすかさずバラモンにいった。

「バラモンさん。トラはやっぱりトラなんだよ。さあ今のうちにお逃げなさい」

こういって、ジャッカルはその場から去っていった。

トラは、インドの昔話の世界ではちょっと頭が足りない間抜けなキャラクターとして登場することに、おおかた決まっている。現実の世界では恐ろしいトラが、小さくて非力だが抜け目のないジャッカルに負けてしまうことに、聞き手の子どもたちばかりでなく、語り手である大人たちも、小気味のよさを感じているのだろう。

インドガビアル
ヌマワニ
イリエワニ

ワニ

愚か者

爬虫類《はちゅうるい》としては発達した脳をもち、学習能力もあるワニは、昔話のなかでは愚《おろ》か者ということになっています。そのいわれは思いのほか古く、古代の仏教説話《ぶっきょうせつわ》にまで遡《さかのぼ》ることができそうです。昔話をとおして、インドの人々の心に映るワニ像を見てみましょう。

ガンガー河口近くは、クリーク（支流）が網の目のように複雑に入り組んで、そのほとりにはマングローブの森が生い茂っている。トラやワニの残された楽園になっているその森を、土地の人たちはベンガル語でシュンドルボン（美しい森）と呼んでいる。前章のトラの話で舞台《ぶたい》となったその森を、そこからそう遠くないところに住むポトゥア（語り絵師）の友人といっしょに再び訪《たず》ねてみた。

私たちは舟《ふね》に乗って森のほうに出かけ、クリークの奥《おく》へと入っていった。森は、地盤《じばん》がぬかるんでやわらかいせいか、あまり高い木はなく、それほどどうっそうとした感じではなかった。潮の引いたクリークの両岸は、泥《どろ》の斜面《しゃめん》がどこまでも続き、マングローブを形成する木々の、タコの足のように無数に分岐《ぶんき》した根や、地中から突《つ》き出た呼吸根《こきゅうこん》があらわになっていた。

「ほらっ、あそこにワニが……」

友人の指差すほうを見ても、私にはすべて土色をした岸辺のどこにワニがいるのかわからなかった。だが、舟が少し進むと、突然、小高い泥の斜面から大きなワニが滑《すべ》るようにして水のなかへかけ下りた。動物園で剥製《はくせい》のようにじっとしているワニしか見たことのない私は、ワニがあんなに俊《しゅん》敏《びん》に動くことができる動物だとは思ってもみなかった。ワニは瞬間的《しゅんかんてき》には時速五十キロメートルくらいで走ることができるという。ワニは水中に姿を消し、静寂《せいじゃく》が戻《もど》った。

インドでよく見られるワニはヌマワニとイリエワニ、インドガビアルの三種である。イリエワニは塩水の混じる入《い》り江《え》や淡水《たんすい》に、ヌマワニはどちらかといえば真水の河や湖に棲《す》む。イリエワニとヌマワニの区別はむずかしいが、イリエワニは鼻先がやや長く、目の前部の突起《とっき》がやや目立つ。頭

部の後ろにある四つの突起はヌマワニのほうがはっきりともりあがる。インドガビアルは細長く突き出た口が特異で、雄《おす》はその先端《せんたん》の鼻先がこぶのようにもりあがる。それがガラという土壷《どつぼ》に似ているので、土地の人たちはガリアルと呼んでいる。英名のガビアルはそれがなまったもの。インドガビアルは魚を主食としているので、メチョクミル（魚食いワニ）とも呼ばれている。

インドガビアルは人を襲《おそ》わないが、イリエワニやヌマワニは、ときには人を襲うこともあり、捕獲されたワニの腹から人間の頭部や腕《うで》、装身具《そうしんぐ》などが発見されることがある。多くの場合、水葬《すいそう》された遺体《いたい》のものらしい。

しかし、私たちが訪《たず》ねたゴショバという村ではつい数日前に、川で腰《こし》まで水につかって小エビをとっていた女性がワニに襲われ、水中に引きずりこまれたという話を聞いた。

ガンガーやブラフマプトラの河口近くでは、昔から人間とワニが接触《せっしょく》する機会が多く、良しにつけ悪しきにつけ、人々はワニという動物をよく知っている。ワニが、巣穴から水辺まで子どもを運んだり、口のなかに子どもをいれて危険から守ったり、子育てをする動物だということや、爬《は》虫類《ちゅうるい》のなかでは進んだ構造の脳をもち、大脳皮質《だいのうひしつ》も発達していて学習能力もあるということなどを聞くと、ワニを見直してしまうが、それでもなお、賢《かしこ》さやずるさにおいては、哺乳類《ほにゅうるい》のサルやジャッカルに負けてしまう。そんなわけで、昔話の世界では、ワニはやはり間抜けなキャラクターとして登場することになってしまうのだろう。

プロの語り部でもあるポトゥアの友人から、こんな面白い話を聞いた。

ある川の岸辺に大きなマンゴーの木があった。そこには、いつもやってくる一匹のサルがいて、いつもその木にのぼってマンゴーの実を食べていた。そしてまた、その木の下にいつもやってくる一匹のワニがいた。サルとワニは、日がな一日、世間話をし、いっしょに時を過ごした。そうするうちにとても親しくなった。

ワニには、家に身重《みおも》の妻がいた。ワニは家に帰ると、その日一日外であった出来事を妻に語って聞かせるのだった。ワニは妻に友達のサルのことをよく話した。妻は何度もそのサルの話を聞くうちに、何だかそのサルがとても憎《にく》らしくなり、また、身重のせいか、いつもとはちょっと変わったものを食べてみたいという気持ちもあって、夫のワニにこういった。

「ねえ、あんた！　私は何だかむしょうにサルの心臓《しんぞう》が食べてみたくなったわ。あんたのそのサルのお友達を連れてきてその心臓を私に食べさせてちょうだい」

「なんてことをいうんだ。それは無理な相談だよ」

夫のワニはこういって断ったが、妻のワニが、

「私とそのサルとどっちが大切なのっ！　どうせサルなんて私たちの食べ物じゃないの。そのサルの心臓を食べてなにが悪いのよ。食べさせてくれなければ私は死んでしまうわ」

こういってわめくので、とうとう夫のワニは承知してしまった。

ワニは、つぎの日、マンゴーの木の下に行ってサルにいった。

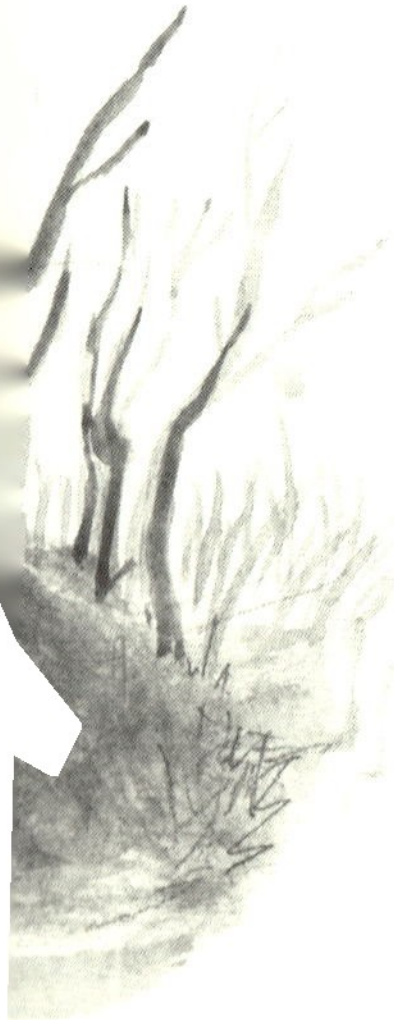

「ねえ、サルくん、あちらの岸にもっとおいしい実をつけたマンゴーやイチジクの木がたくさんあるよ。ぼくが背に乗せて連れていってあげよう」

　そしてサルを背に乗せて川のなかほどまで泳いでいくうちに、ワニはどうしてもサルが気の毒になってこういった。

「サルくん、じつはぼくは君をだましたんだ。ほんとうは君をぼくの妻のところに連れて行こうとしているところなんだよ。妻は身重で、どうしてもサルの心臓が食いたいといってきかないんだ。悪いけど、君の心臓を食べさせてやっておくれ」

　これを聞いたサルは驚《おどろ》いていった。

「な、なんてことだ。それならもっとはやくいってくれたらよかったのに。

今日はその心臓を洗って木の枝に干したままできてしまった。引き返してくれれば、すぐにとって戻《もど》ってくるよ」

ワニは「そうだったのかい、悪いね」といって、サルを乗せてもとの岸へと戻った。

サルは、岸に近づくや、すばやく枝に飛び移った。

「ばかなワニくん。この世にいったい自分の大切な心臓を洗って木に干すやつがいると思うのかい。おまえの奥《おく》さんにぼくの大切な心臓を食わせるなんて、まっぴらごめんだよ」

こういい残して、サルは、もっとおいしい果物がたくさん実った森の奥へと消えていった。

この原型のような話が、釈尊《しゃくそん》の前世《ぜんせ》の物語集である『ジャータカ』に収められている。『ジャータカ』では、サルが、心臓を洗って木にかけておくというのではなく、枝から枝へ激しく飛び回って心臓が破れては困るので、その前に優曇華《うどんげ》の木にかけておくのだといってワニをだます。そこが少し異なるくらいで、ほかはほとんど同じである。『ジャータカ』では知恵者《ちえもの》のサルは前世の釈尊であり、愚か者《おろかもの》の代表であるワニは、釈尊に敵対したといわれる前世のデーヴァダッタ（提婆達多）だとされている。

今日のインドの昔話には、ワニが愚か者として描《えが》かれている話はほかにもたくさんある。

『ジャータカ』が記された年代は明らかではないが、前二世紀にはその話をモチーフにした彫刻《ちょうこく》が現れている。ワニは、二千年以上も昔から愚か者のお墨付《すみつ》きをもらってしまったのだろうか。

この話にひじょうによく似た昔話が日本の関東以南にも伝えられている。「サルの生《い》き肝《ぎも》」という話である。

仲のよいサルとカメがいつも海辺でいっしょに遊んでいた。竜宮《りゅうぐう》の乙《おと》姫《ひめ》が病気になり、サルの生き肝がそれによく効くということを聞いたカメが、サルをだまして竜宮に連れていこうとする。門番のクラゲたちからカメのほんとうのもくろみを告げられたサルは、「生き肝を海辺の木に干してきた」とうそをいって、カメに岸辺まで戻《もど》させ、逃《に》げるという話である。カメにかわって、クラゲがサルをだまして竜宮へ連れていこうとする筋の話もある。『ジャータカ』の話とあまりにもよく似ているのに驚かされる。仏教伝来とともに、はるかインドから伝えられたのではないだろうかと想像してしまう。

今日のインドでも、ワニは、ガンガーが神格化《しんかくか》された女神ガンガーの乗り物として、また水神ヴァルナの乗り物として、多くのヒンドゥー教の人々に親しまれている。また、サンスクリット語でクンビーラと呼ばれるワニは、仏教においても守護神《しゅごしん》としてとりいれられ、薬師如来《やくしにょらい》を守る十二神将《じゅうにしんしょう》のうちの宮毘羅《くびら》となって日本にも伝えられた。金毘羅《こんぴら》、金比羅《こんぴら》、琴比羅《ことひら》も、サンスクリット語のクンビーラに由来しており、日本でも漁師、船乗り、水商売など、水にかかわりのある人たちのご利益ある守護神として祀《まつ》られている。

フクロウとカラス

二千年の敵

ヨーロッパからアフリカ、南アジアの農地や林にはメンフクロウと呼ばれ、人の顔に似た白い顔面をもつフクロウがいます。農家の納屋《なや》などにも営巣《えいそう》するのでノヤフクロウの名もあり、インドでは幸運の女神を乗せて運ぶ鳥として人々に親しまれています。

コルカタ（旧カルカッタ）の南の外れにあるテントゥルベリアという集落に小さな借家《しゃくや》を見つけ、私と妻はそこに三年近く住んだ。テントゥルベリアという名前は、「テントゥル（タマリンド）に囲まれた」というような意味で、じっさい、その集落のまわりには、天を突《つ》くようなタマリンドの巨木《きょぼく》が何本もあった。私たちが借りた家のすぐ裏手には、手入れのされない古い果樹園《かじゅえん》が広がっていたが、そのわきにもひときわ高いタマリンドの木があって、すでに実つきの悪くなったマンゴーの木々を見下ろすようにそびえていた。

周囲には、インドとパキスタンが分離《ぶんり》独立《どくりつ》したとき、故郷《こきょう》の土地をすてて東パキスタン（現在のバングラデシュ）からインドへと移り住んできたヒンドゥーの人々の小さな家が、肩《かた》を寄せあうように立ち並んでいた。

毎夕、日が落ちて、タマリンドのあたりが暗い闇《やみ》につつまれるころになる

と、家々の植《う》え込《こ》みの奥《おく》から、幸福をもたらすラクシュミー（吉祥天《きっしょうてん》）に祈《いの》りを捧《ささ》げるほら貝と鐘《かね》の音、そして、舌を左右に小刻《こきざ》みにふるわせながら発する甲高《かんだか》い女性の裏声がいっせいにわきおこった。その音にはなんともいえない安らぎがあった。あらゆる辛酸《しんさん》をなめてきた人たちがとりあえずつかんだ日々の平穏《へいおん》、そして、富める人も貧しい人も、その人なりの一日を何はともあれ無事に終えることができたことをねぎらい祝福する響きがあったのである。ちょうどそのころになると、うっそうと枝葉《えだは》を茂《しげ》らせたタマリンドの暗がりから、きまってフクロウの鳴き声が聞こえてきた。

あのムンとした熱い空気と、熱帯の萌《も》えるような緑につつまれた村で体験したさまざまなこと、思い抱《いだ》いたことは、今でも私の心の奥底《おくそこ》でひそかに息づいている。そして、それはふとしたきっかけで、まるで昨日の出来事のように、鮮《あざ》やかなディテールをもってよみがえってくるのである。

数日まえのことである。私たちは久しぶりに房総半島《ぼうそうはんとう》の中ほどの山林内にある古いわが家へ行った。草刈《くさかり》や、家のなかの掃除《そうじ》を終え、ほっと一息ついたとき、森の奥からアオバズクの鳴く声が聞こえてきた。その声は、インドのフクロウの声とは違《ちが》ってはいたが、夜の静寂《せいじゃく》をやぶって聞こえてくるその声は、私を即座《そくざ》にコルカタ郊外《こうがい》のテントゥルベリアの村へと運んでいったのだった。日ごろは思い出すこともあまりなかった人々のことが、取るに足らない数々の出来事の思い出とともに心に浮《う》かんできた。

私たちの家のすぐ裏には、一軒の粗末《そまつ》なレンガ積みの長屋《ながや》があった。その一室に母と息子、娘の三人家族が暮らしていた。息子の名はショスティといった。彼はよく私たちの料理小屋にやってきて敷居《しきい》に座り、ジャガイモの皮むきなどを手伝いながら妻としばらく話しこんでいくのだった。ショスティ君は近所のほかの男の子たちとは少し違っていた。みんながサッカーやクリケットなどに興《きょう》じ、はしゃいでいるときでも、わきの芝草の上に座ってにこにこと微笑《ほほえ》みながら見ているのである。そして、ときどき、

「しっかり～、ここでがんばって打ってちょうだいよ～」

などと声援《せいえん》を送っては、口に手をあてて笑っているのである。彼は男の子が好む遊びには加わろうとはせず、かといって除《の》け者にされるようなこともなかったが、つねにその群れの外にいた。むしろ、近所のおばさん方や、お嫁《よめ》さん方の群れに属していたといえるのかもしれない。

ある春の夕方、甘いマンゴーの花の匂《にお》いとオニカッコウの鳴き声にさそわれて、私たちが裏庭からマンゴー園のほうへ足を運ぶと、ショスティ君が庭に出てサンユウカの白い花を摘《つ》んでいた。彼は、牛糞《ぎゅうふん》と粘土《ねんど》で撫《な》で清めた土の庭を裸足《はだし》でひたひたと歩き、小さな水壺《つぼ》と線香、かわらけに

油を満たした灯明《とうみょう》をもってきて、庭のすみのカミメボウキ（神目箒）が植えられた祭壇《さいだん》のところにいってしゃがみ、その根元にそれらを供《そな》えた。マンゴーの花の匂《にお》いと絡《から》まるように、線香《せんこう》の香《かお》りがあたりにただよい、灯《とも》された灯明の小さな明かりが、あたりに夕闇《ゆうやみ》がせまってきたことを教える。ショスティ君はそれからほら貝をもって家の戸口にたち、夕空に向かってプオーッ、プオーッと吹《ふ》き放った。彼は、仕事に出ている母親に代わって、ふつうは婦人がするラクシュミー女神の供養《くよう》を、毎日心を込めてやっていたのである。

ショスティ君の生《お》い立《た》ちは不思議《ふしぎ》だった。彼は、五、六歳《さい》のころに、コルカタの雑踏《ざっとう》で母親とはぐれ、十二歳になるまでの数年間、行方《ゆくえ》知れずになっていたというのである。その間、ショスティ君は、同じ西ベンガル州北部のヒマラヤ山地の避暑地《ひしょち》ダージリンに大きな別荘《べっそう》をもつ旦那《だんな》のもとに身をよせ、家事などの手伝いをしながら暮らしていたのだそうである。その後、一人で動けるようになった十二歳のころに、昔のおぼろげな記憶《きおく》をたどって、コルカタにもどり、テントゥルベリアの家に帰ってきたというのだ。彼からこの作り話のような話を聞いたとき、私はにわかに信じることができなかった。だが、昔を知る近所の人たちからもショスティ君がたしかに数年間、行方不明になっていたという話を聞いたり、新聞の尋《たず》ね人の欄《らん》に、行方不明になった我が子を探す記事が毎日多数掲載《けいさい》されているのを見たりするうちに、けっこうそんなことが多くあるのだろう……と思うようになった。

彼の幼いころのおぼろげな記憶《きおく》に、とてつもなく大きなタマリンドの木が近くにあったこと、そのさやを母といっしょに落とし、甘酸《あまず》っぱい果肉を食べたことなどが残っていた。そして、その木の洞《うろ》にはフクロウが棲んでいて、暗くなると奇妙な声で鳴いていたこと……、かすんだ映像ととともにそんな記憶も頭のかたすみに残っていたのである。それがテントゥルベリアという村の名を記憶のどこかにつなぎとめさせていたのだろう。

そんな経緯《けいい》から、ショスティ君の母親が、息子が戻《もど》ってきたのは、ラクシュミー女神のご加護《かご》があったからだと思うようになったのも自然のことである。それはショスティ君も同じだった。だから、彼らにとって、幸運をもたらすラクシュミーを乗せて飛ぶフクロウは、特別な鳥なのである。

ある日の午前中、タマリンドの木のほうからけたたましいカラスの鳴き声と、大きな鳥の羽音が聞こえてきた。何だろうと思って庭に出てみると、数羽のカラスが大きな白い鳥のまわりをまとわりつくように飛び交いなから攻撃しているのである。その鳥はフクロウだった。明るいところではあまりよく見えないのだろうか、フクロウは家の屋根すれすれのところをやっと飛んでいる感じなのである。その白くて大きなフクロウは、しつこく追いかけてくるカラスをなんとかふりきって、なんと私たちの料理小屋の軒下にとまり、それからショスティ君の家の、戸のついていない一室へと飛び込んだのである。

「カラスとフクロウの喧嘩《けんか》か……。いつものことだよ。夜にフクロウがカラスの巣を襲う。だから昼のうちにカラスがその仕返《しかえ》しをしているんだよ」といいながら、自転車の荷台の平らな籠《かご》に魚をいっぱい積んだ魚売りが通り過ぎていった。そういえば、※フクロウとカラスがなぜ仲が悪くなったのかを説いた話が、釈尊《しゃくそん》の前世《ぜんせ》の物語集である『ジャータカ』の中にあったのを思い出す。フクロウとカラスは二千年以上もの昔から仇《かたき》同士

だったということになる。

ショスティ君は、私たちをそっとフクロウが飛び込んできた部屋に入れた。その部屋はベンガル語でタクル・ゴル（神様の部屋）と呼ばれ、そのすみには木製の小さな神棚《かみだな》があって、ラクシュミーの女神が祀《まつ》られていた。

「私たちのラクシュミーの部屋に、フクロウがきたなんて、とても有《あ》り難《がた》いことよ。ラクシュミーのフクロウが来た家は繁盛《はんじょう》するっていうわ……」

ショスティ君の母親が、嬉しそうにいった。フクロウは梁《はり》の上の暗いすみにとまって目を見開き、いぶかしげに私たちのほうを見下ろしていた。

フクロウは思ったよりも大きく、人面のような白い顔をしていた。それでだろう、このフクロウの正しい和名は、メンフクロウという。私たちみんなは、吉祥の女神を乗せて運ぶというその鳥の顔を、いつまでも飽《あ》かずながめた。

※『ジャータカ』〈フクロウとカラスの話〉

むかし、ある山の鳥類がすべて集まって、鳥の王を決定することになった。そのとき、フクロウが選ばれた。最後に、フクロウが、これに異存《いぞん》はないかと、みなに三度問いただしたとき、誰も反対するものはなかったが、ただ一羽のカラスだけが「フクロウは、今はおとなしい顔をしているが、怒《おこ》ったときの顔を見たことがないだろう? 見たら、焼け鍋《なべ》に投げ込まれたゴマみたいに破裂《はれつ》して、みんな飛び散ってしまうだろうよ。私は絶対反対だ」といって飛び去っていった。フクロウも、怒ってカラスのあとを追いかけて飛んでいった。それで、みんなは金色のガチョウを王に選んだ。そのとき以来、フクロウとカラスは敵対しているという。

アヒルとヤマネコ

喰うものと喰われるもの

村のまわりに点在する溜《た》め池を、丸い波の輪を繰《く》り出しながら泳ぐアヒルの姿は、インドの農村の日常の風物ですが、アヒルはまた、吉祥天《きっしょうてん》を運ぶハクチョウの親類として、人々から尊《とうと》ばれる存在でもあります。そんなアヒルと、それをねらうヤマネコの話です。

インド東部の片田舎《かたいなか》にある友人の土地に、仕事場を構えるようになってから、三年になる。一年のうち、半年近くを私はそこで過ごしている。日本より三時間半遅く朝をむかえる当地では、私はだれよりも早起きである。東の空が白《しら》んでくるころ、私は、まだ夜の冷たさが残る庭に下り立ち、バラやニームの木、インドジャボクのあいだを回り、それから庭の隅《すみ》にあるアヒル小屋にいって、小さな木戸を開けてやる。私の足音が聞こえるまえから早く開けろといわんばかりにガアガアと鳴いていた二羽のアヒルは、戸が開けられるや、さらに大きな声をたてて、まっすぐ庭の前に広がる池へと下りていく。そして、ガガブタが白い花を咲かせて浮かぶ水面を、波の輪をくりひろげながら前後にならんで池の中ほどへと泳いでいく。その二羽のアヒルの無邪気《むじゃき》な姿は、一日の始まりを、まるで新たな一生の始まりであるかのごとく喜んでいるように見えるのである。

二羽のアヒルは、その池で四六時中なにかをとっているが、タニシを食べる姿はいつ見ても可愛《かわい》い。水中にもぐってはタニシをひとつずつくわえて水面に上がってくる。そして、首をまっすぐ空に向けて伸《の》ばし、朝日に光る水滴《すいてき》をまき散らしながら、くちばしをパクパクさせて呑《の》みこむのである。ひとしきりタニシを食べたあとは、また二羽そろって向こう岸の浅瀬《あさせ》に泳いでいき、水草のあいだでまた何かをあさるのである。

二羽のアヒルはどちらも雌《めす》である。ひなのときに別々に市場から買ってこられたそのアヒルたちは、姉妹というわけでもないが、ずっといっしょに育ったためにとても仲がよく、一時でも相手の姿が見えないと、首を高く伸ばして四方《しほう》を見まわし、ガアガアと大きな声をあげて呼ぶのである。するど、呼ばれたほうも、どんなに離《はな》れたところにいてもすぐに声を返しながら泳ぎよって、また行動をともにするのである。

アヒルの世話をしているのは、おもに友人の奥《おく》さんの妹だった。彼女は私に次いで早起きで、起きるとまず庭から池のほとりを掃《は》く。そして、庭の南はしにしつらえられた、ラクシュミーが宿るというシソ科の多年草のカミメボウキ（神目箒）が植えられた壇《だん》の前にいって、吉祥の女神がそこに降り立ち、一日を祝福してくれるようにと、地面を牛糞《ぎゅうふん》で円く描《えが》いて

清めるのである。それから、アヒルに昨晩の残りご飯をやり、小屋のなかをのぞきこんで、棒を使って卵をかき出す。そして、その卵を私の朝食に出してくれるのだった。

二〇〇七の八月、三か月ぶりに仕事場にいった。乾《かわ》いた猛暑《もうしょ》の五月とは違《ちが》って、ベンガルは雨季に入り、あたりの風景は以前と大きく異なっていた。空は潤《うるお》いのある雨雲《あまぐも》に覆《おお》われ、肌《はだ》を焼くようなあの暑さはもうなかった。庭のバラやニームの木は枝を大きく伸《の》ばし、広い池にはガガブタが一面に広がっていた。そして、大きな浮島《うきしま》をなして漂《ただよ》うホテイアオイが、薄紫《うすむらさき》のみごとな花園をつくりだしていた。だが、なによりも違っていたことは、いつもどこかで楽しげに泳いでいたあの二羽のアヒルの姿が、池からなくなっていたことだった。庭の隅《すみ》にあったレンガ積みのアヒル小屋の小さな木戸《きど》は、開けられたままで、アヒルの足で踏《ふ》み固められた入り口の地面には、小さな草が芽吹《めぶ》きはじめていた。私は聞いた。

「アヒルたちはどうしたの？」

友人の義理の妹は、ヤシの葉軸《ようじく》でつくった箒《ほうき》で庭を掃きながら、落ち葉をアヒル小屋の裏にうず高く積み上げていたが、その手をとめていった。

「ヤマネコに食べられちゃったのよ。義兄《にい》さんが見たらしいわ」

いつ起きたのか、友人が歯ブラシをくわえたままやってきて、

「パウシュ・ベラル（ヤマネコ）がきたんだよ！　パウシュ・ベラルがね」

といって、アヒルがいなくなったときのことを話してくれた。

ある晩、夕食をすませて井戸端《いどばた》に口をすすぎにいくと、アヒル小屋のほうで大きな物音がし、アヒルがけたたましく鳴き騒《さわ》いでいた。あわてて駆《か》けつけると、灰褐色の犬くらいの大きさのヤマネコが、アヒルを一羽くわえ、二本の前足のあいだに引きずるようにして、足早に闇《やみ》のなかに

逃《に》げていったのだそうだ。残されたアヒルは、パニックになってもう小屋へは入ろうとせず、庭をあちこち走りまわっていたが、友人はそれをやっとのことでつかまえ、アヒル小屋にもどした。そして、簡単には開けられないように戸をしっかり閉め、つっかえ棒をかませておいたというのである。

暗くて狭《せま》いアヒル小屋に、恐《おそ》ろしいヤマネコが侵入《しんにゅう》してきて相棒《あいぼう》を奪《うば》い去っていったのだ。その現場にいたもう一羽のアヒルにとって、それがどれほどの恐怖《きょうふ》だったかは、容易に想像がつく。

翌朝、残されたアヒルは、小屋から出されるやすぐに池へと下りていき、声高に鳴きながらあちこちの岸をめぐって相棒の姿を探した。池にその姿がないことがわかると、岸にあがってナス畑のほうに行き、首を高くかかげてあたりを見回し、数度大きく声をあげて相棒を呼んだ。そのアヒルは

あちこちに行って、一日中そのようにして過ごしていたという。夕方がくると、友人はそのアヒルを餌《えさ》でおびきよせてつかまえ、二度と戻《もど》りたくないであろうあの小屋にまた押し込めたのである。

その次の日、小屋から出されたアヒルは、庭はもちろん、池や畑からも姿を消してしまった。どこを探しても見つからず、いまだに戻ってこないというのである。

「あのアヒルは寂《さび》しくってしようがなくなって、ほかの池にいったのよ。きっとよそのアヒルの群れといっしょに泳いでいるんだわ」

「そうだろうな。それから、よそのアヒルが一羽混ざっているのを見た持ち主が、しめしめと思ってうちのアヒルを絞《し》めて、食ってしまったんだろうよ」

「こんなに長いこと帰ってこないところをみると、そうかもしれないわ」

友人と義理の妹は、こう話すのだった。

私は、「つがい」という雌雄《しゆう》の結びつきでもなく、血を分けた「姉妹」という間柄《あいだがら》でもない、たんに市場で別々に買ってこられていっしょに育てられたという二羽のあいだに、このような切ることのできない親密な情愛が育《はぐく》まれていたことに驚《おどろ》いた。そしてそれが二羽の「生」を支える大きな力になっていたことに、ある崇高《すうこう》さを感じると同時に、やるせなさを感じてしまうのだった。無限の時と空間のなかで、ともに過ごすということが、どんなに意味深いことなのかを知らされたような気がした。そして私は、あの姿を消したアヒルが、どこかの池でほかのアヒルの群れに混ざって楽しそうに泳いでいてくれたらいいのに、と願うのだった。

それにしても、広いとはいえ、人手の入ったこの田園地帯に、今もヤマネコが棲《す》んでいるということは意外である。インド東部のベンガル地方

には、おもにジャングルキャットや、魚介類《ぎょかいるい》を食べるスナドリネコ（フィッシングキャット）、ベンガルヤマネコの三種が見られるという。友人が語ったヤマネコの描写《びょうしゃ》から、彼が見たのはジャングルキャットに違いない。ジャングルキャットは、小形の犬くらいでしっぽは短め、子どものうちは縞模様《しまもよう》があるが成獣《せいじゅう》になるとほとんど無地のベージュ色になるのに対して、スナドリネコには茶褐色《ちゃかっしょく》の斑点《はんてん》がある。またベンガルヤマネコは大きさが家ネコくらいで、しっぽは長く、全体に褐色の斑点がある。ジャングルキャットは森や川岸の茂《しげ》み、古い納屋《なや》や廃屋《はいおく》などにも棲みつき、おもにほの暗い朝や夕方に行動する。そして、ネズミなどの小動物や、ニワトリやアヒル、子ヤギなどの家畜《かちく》を狙《ねら》うのである。

ヤマネコのほかにも、ベンガルオオトカゲやセンザンコウなど夜に活動する動物は、人目にはつかないが、今もなお意外と人里近くでひそかに暮らしている。私たち人間が占領《せんりょう》してしまった同じ場で、時を異《い》にして、別の生き物たちがほそぼそながらも「生」を繰《く》り広げていることを知ると、まだまだ地球も棄《す》てたものではないと思うのである。

インドでは、一月の中ごろに、ヒンドゥーの人たちによって各地で勉学・技芸の女神サラスワティーの祭りが盛大に行われる。その日、町の辻《つじ》にはイルミネーションで見事に飾《かざ》られたにわか作りのステージがもうけられ、女神の塑像《そぞう》が飾られる。子どもたちは着飾って出かけ、試験に無事合格するよう女神に祈願《きがん》するのである。

そのサラスワティーの女神を運ぶ乗り物として知られるのが、ハーンス（白鳥）なのである。アヒルもカモやガチョウと同様に白鳥の仲間としてハーンスと呼ばれ、女神を運ぶものとして敬《うやま》われるので、祭りの日にはみんなアヒルの肉は口にしない。友人の義理の妹も、その日ばかりはアヒルの卵を食卓に出さなかったことを思い出す。私は、今後サラスワティーの祭りをむかえるたびに、きっとあの仲のよい二羽のアヒルのことを思い出してしまうに違いない。

ライオン

女神の乗り物

勇者の象徴《しょうちょう》であるライオンは、多くの昔話や、釈尊《しゃくそん》の前世《ぜんせ》の物語である『ジャータカ』に頻繁《ひんぱん》に登場します。また、今日のヒンドゥー教の世界においても、スイギュウの悪魔《あくま》を退治し、世界を救った勝利の女神ドゥルガーを運ぶ乗り物として知られています。

かつてはアフリカからギリシャ、中近東、インド中部にかけて広く生息していたライオンは、今日ではアフリカ以外の地域では、インド北西部のグジャラート州にあるギル森林保護区に生息する三百頭を残して、ほぼ絶《ぜっ》滅《めっ》してしまった。これらのインドに生息するライオンは、今日アフリカに生息するライオン（*Panthera leo*）の亜種として区別され、インドライオン（*Panthera leo persica*）と呼ばれている。数少なくなってしまったインドライオンは、国際自然保護連合によって絶滅危惧《ぜつめつきぐ》種に指定され、手厚く保護されている。

インドライオンとアフリカに生息するライオンの違いは、インドライオンのほうがやや小形で、身体や尻尾《しっぽ》の長さが少々短いこと。また、体色がアフリカライオンよりやや薄《うす》く、たてがみが粗《あら》く短いことなどである。ちなみに、上野動物園にいるライオンはインドライオンである。

ライオンの雄《おす》はふつう単独でいるが、繁殖期《はんしょくき》には五、六頭の雌《めす》をひきつれて群れをなしている。通常は雌が獲物《えもの》の狩りをし、雄はごろりと横たわっていることが多い。だが、危険な外敵が近づいてきたようなときは、ふだん見られないような恐《おそ》ろしい力を発揮して撃退《げきたい》する。そんなところが、王者のイメージにふさわしい。

インドの紙幣《しへい》には、どの紙幣にも背を向け合って座《ざ》す四頭のライオンの図が印刷されている。これは、仏教に帰依《きえ》したアショーカ王が北インドの要地に建てた石柱《せきちゅう》のうち、釈尊《しゃくそん》が初めて説法を行った地サールナートに建てた石柱（前三世紀中期）の頂《いただき》に彫《ほ》られたライオンを表したもので、インド共和国の紋章《もんしょう》にもなっているものである。四方を向いたライオンは、仏教の世界においては、恐れのない心の状態を表象《ひょうしょう》するものだったのである。

インドに生息するネコ科大形肉食獣《にくしょくじゅう》であるライオンとトラは、ともに

昔話や説話《せつわ》のなかに頻繁《ひんぱん》に登場するが、トラは、昔話のなかでは、獰猛《どうもう》だが間抜けなキャラクターとして描《えが》かれ、つねに頭のよいジャッカルにやりこめられてしまうという役回りを負っている。それに反して、ライオンは昔話というよりは、古い時代からの説話によく登場し、「勇気ある王者」として描かれている。

釈尊の前世《ぜんせ》の物語である『ジャータカ』（『本生譚《ほんじょうたん》』）にもライオンは頻繁に登場する。ライオンとジャッカルが登場する次のような話がある。

釈尊は、前世のあるとき、ライオンとして山の洞窟《どうくつ》に住んでいた。これはそのときの話である。

ライオンが棲《す》むその山すそには、山を取り囲むように大きな池が広がっていた。その池のほとりには、ウサギやシカがやってきて水辺の青い草を食べていた。ある日、草を食べにきたシカを見たライオンは、これはチャンスと思い、山から勢いよく駆《か》け下りていってシカにとびかかった。しかし、シカがうまく身をかわしたので、ライオンは勢いあまってぬかるみに落ちてしまった。そして、やや固い泥土《どろつち》に深く手足を突《つ》っ込《こ》んでしまい、そのまま身動きがとれなくなってしまった。ライオンは、七日ものあいだ食べることも飲むこともできず、そのままでいた。

そこへ一匹のジャッカルが水を飲みにやってきた。ライオンは、怖《こわ》がって逃《に》げていこうとするジャッカルを呼び止めていった。

「お〜い、窮地《きゅうち》の救い主よ！　どうか私をここから引き上げてくれないか」

すると、ジャッカルは少しためらっていった。

「助けてやるのはいいが、その後が怖い。ぼくを食べてしまうんじゃないのかな？」

「いや、決して君をあざむくようなことはしない。どうか助けてくれ」

ライオンがこういうので、ジャッカルは承知してライオンを助けることにした。まず、ぬかった四本の足のまわりの泥を掘り、溝《みぞ》を掘《ほ》って池の水を足元へとみちびき入れて、足元の土をやわらかくした。それからジャッカルは、ライオンの胸の下にもぐりこんで、「さあ、力をお出しなさい」といって、自分の頭と背でライオンの胸を押し上げた。ライオンはウンとふんばって、やっと泥から足を抜き、固い地面に上がることができた。

そこでライオンはしばらくのあいだ休むと、手足の泥と体を洗った。それから一頭のスイギュウをしとめ、牙《きば》で肉を切り裂《さ》くと、ジャッカルの前に置いてこういった、

「さあ君、これを食べてくれ」

ジャッカルが肉を食べ始めると、ライオンも食べ始めた。

それからライオンは、

「これからは、私が君と君の妻の世話をしよう」

といって、ジャッカルとその妻を自分の洞穴《どうけつ》に連れていき、近くにある別の洞穴に棲まわせた。

それからは、ライオンとジャッカルは、獲物をとりにいくときには妻たちを洞穴に残して、いつも二頭で連れだっていくことになった。そしていろいろな動物をしとめ、二頭でその場で食べてから、妻たちのために持ち帰った。

やがてライオンに子どもができ、ジャッカルにも子どもが産まれた。こうして、ライオンの家族とジャッカルの家族は、仲良くいっしょに暮らしていた。ところが、あるとき、ライオンの妻はふとこう考えた。……夫がジャッカルの面倒《めんどう》をあんなによく見るのは、きっとジャッカルの妻に気があって、いい仲になっているからにちがいない。よし、それなら私があの雌ジャッカルをここから追い出してやらねば……。

そして、ライオンとジャッカルが獲物《えもの》を探しに出かけた留守に、ライオンの妻はジャッカルの妻にこういった。

「お前たちはどうしてここでのうのうとして、出ていこうとしないのだ」

そして牙をむいてジャッカルの妻をおどし、追い出しにかかった。すると、子どものライオンたちもまた、同じように子どものジャッカルをおどした。ジャッカルの妻は、帰ってきた夫のジャッカルにいった。

「もうここにはいられません。あなたがいないときに、ライオンの妻が私たちをおどして追い出そうとするのです。きっと夫のライオンがそうさせているんだわ。このままでは私たちは殺される。はやくここを出てむかしの巣穴にもどりましょう」

これを聞いたジャッカルは、ライオンにいった。

「長くやっかいになっていると、うとましい存在になるものです。だからといってあなたの妻子が私の妻子をおどして追い出そうとするのはよくありません。そばにおくのが嫌《いや》になったのなら、『出ていけ』というべきです」

これを聞いたライオンは、ライオンの妻を呼んでいった。

「妻よ、私が獲物を獲《と》りにいって七日間帰ってこなかったことがあったのを覚えているか」

「はい、覚えております」

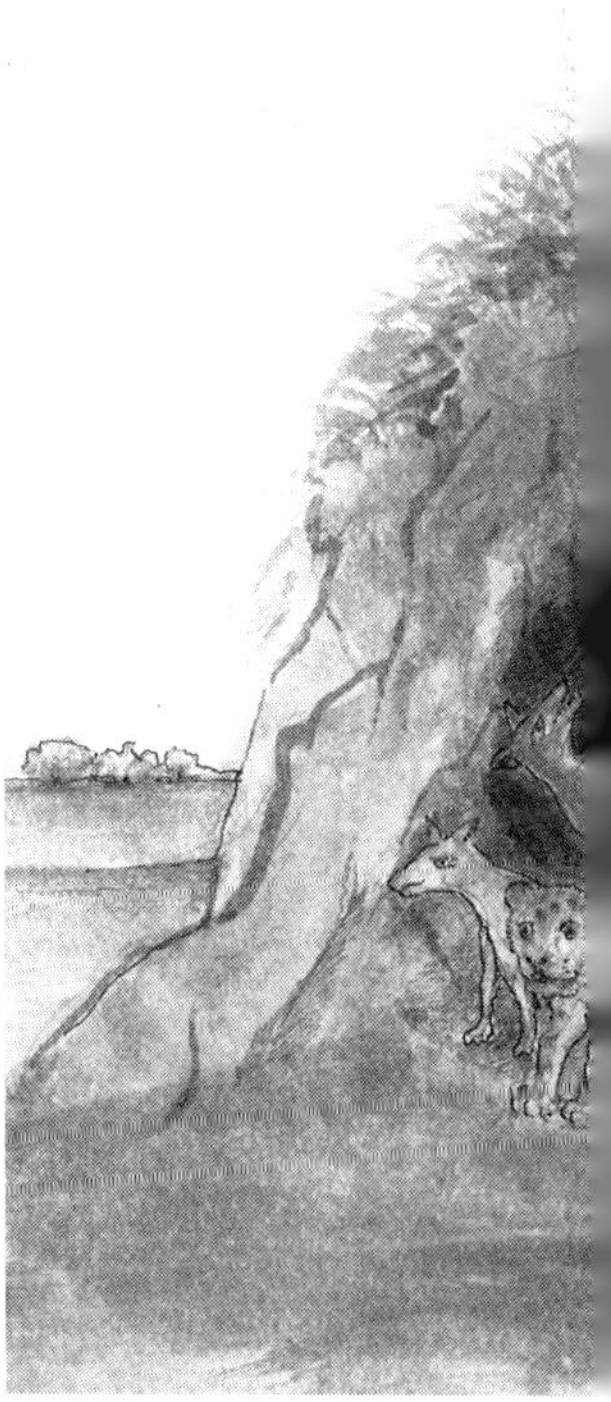

「おまえはその理由を知っているか」
「いいえ、知りません」
　これを聞いてライオンは、シカを獲ろうとしてぬかるみにはまったあの七日間のことをくわしく妻のライオンに話し、なぜ自分がジャッカルを大切にするのかを語って聞かせた。そして、友としてなすべきことをするのが真の勇者であることを妻に説いた。
　これを聞いたライオンの妻は、ジャッカルの妻にゆるしを請《こ》うた。それ以来、母子ともども仲良く暮らした。そして子どもたちは、親たちが死んだ後もずっと別々になることなく、なにごとも分かちあい、仲良く暮らした。その親しい関係は七代ものあいだ変わることなく続いた。

そのときのライオンは過去の釈尊であり、ジャッカルはアーナンダであった。

昔話の〈バラモンとトラ〉（一二〇頁）もこの話とよく似た設定である。ぬかるみに落ちて身動きのとれなくなったトラが、通りかかったバラモンに助けを求める。「決してお前を食わないから……」とトラがいうので、バラモンはトラを引き上げてやるが、トラはライオンと違って前言《ぜんげん》をひるがえし、バラモンを食おうとする。そこへ通りかかったジャッカルが、知《ち》恵《え》をはたらかせてバラモンをトラから引き離《はな》し、救うという話なのである。

そして、最後にジャッカルはバラモンに「トラはやっぱりトラなんだよ」

といって、逃げるようにいうのである。

どちらも無敵な猛獣であるが、物語の世界では、つねにトラは、残忍《ざんにん》で身勝手《みがって》な性格の持ち主として語られるのに対し、ライオンは、約束を守り、勇者としての誇りを持ち合わせた「百獣の王」として語られるのである。

カメ

池の住人

カメはインドの神話の世界では、ヒンドゥーの三大神の一つであるヴィシュヌの化身《けしん》として、神聖な動物とみなされています。とくに創世神話に深いかかわりをもち、この大地を支えるという、たいへんな役目を負っています。

インド北部の平原を上空から見ると、矩形《くけい》に区切られた田畑のパッチワークの間に、まるで鏡の小片を縫《ぬ》いつけたミラーワークのように、大小さまざまの溜《た》め池が散りばめられている。インド北部の降雨は、六月から八、九月にかけての雨季に集中している。そのために、以前より灌概《かんがい》設備の整ったこのころはさほどではないとしても、農村では九月から五月までの雨の少ない期間の生活用水や農業用水を、このような溜め池にたよっているのである。それらの池は、魚やエビ、カニなど多くの生き物の棲処《すみか》にもなっているのだが、その水も、猛暑《もうしょ》の五月の末ごろにはひじょうに少なくなってしまうか、まったく干上がってしまうのである。

私がインドで拠点《きょてん》としている村の家のすぐ前にも、大きな溜め池がある。野球のグラウンドくらいの広さはあるだろうか。庭の前にある石段から池に下りて、水辺で洗濯《せんたく》や水汲みができるようになっているのだが、その池にはコイに似たローフー魚養殖《ようしょく》されている。岸をぐるりととりまくようにカマバアカシアが生い茂り、その高い枝から、ときどきカワセミが素晴らしいダイビングを見せてくれる。そして、冬から春にかけては、北方から渡《わた》ってきたカモたちが、そこで羽を休めていくのである。

今年の五月、私はその家にひと月ほど滞在《たいざい》した。池の水はかなり減少していて、すでに周辺部の浅いところは底の土をあらわにしていた。それまで青紫《あおむらさき》色の美しい花を一面に咲《さ》かせて水上に漂《ただよ》っていたホテイアオイの浮島《うきしま》も、今は池の底《そこ》にへばりついて、根を泥のなかへと下ろしはじめていた。

そんなある日、魚の養殖業者がきて池の水をポンプで汲《く》み上げて、大きく育ったローフー魚をとっていった。それが終わると、待ってましたとばかりザルやバケツを手にした村の女や子どもたちが池に下りていき、楽しそうな笑い声をあげながら、泥のなかから取り残した魚やカニ、エビなど

をとるのである。サギたちも、このチャンスを逃《のが》すまいと周りに待機している。

数日して、水があらかた乾《かわ》いてしまった池の底で、泥に根を下ろし、うっそうと葉を茂《しげ》らせたホテイアオイを、かたっぱしから抜いていく人がいた。放っておくとたちまち池を覆《おお》ってしまうであろうホテイアオイを、この機会に池に下りて退治しているのだろうと思っていたら、そうではなくて、その下に隠《かく》れているカメをとっているのだった。夜のうちに離《はな》れたところにある別の池に移動してしまうので、土がぬれているうちにとるのだという。手にしたバケツを覗《のぞ》きこむと、泥《どろ》にまみれた数匹のカメが、外に出ようと互いの背の上にのって、バケツの側面を空しく掻《か》いていた。甲羅《こうら》

に円形の斑点《はんてん》があるベンガル スポッテド ポンド タートルというカメである。そのカメをどうするのか聞いてみると、市場で売るのだということだった。

「ふ〜ん、カメはヴィシュヌ神の化身《けしん》だから、みんな食べないんじゃないの？」

「そりゃあ食べない人が多いけど、食べる人も多いんだよ。魚だってヴィシュヌの化身だけど、みんな食べているよ。とくにベンガル人は魚なしじゃやっていけないからね」

こんな会話をしているうちに、私は古くからインドに伝わるカメの話を思い出した。その話は、バラモン僧が三人の王子を教育するためにさまざまな物語をひきあいに教訓を説くという設定で書かれた、世界でもっとも古いサンスクリット説話集《せつわしゅう》『パンチャタントラ』のなかに収められている。

ある池にカメが棲《す》んでいた。そのカメは、池にやってくる二羽のカモとたいへん仲がよく、いつもいろんな話をしていっしょに時を過ごしていた。やがて乾季《かんき》が近づき、だんだんと雨の降る日が少なくなって、しまいに池が干上がってきた。そこでカモがカメにいった。

「池の水がなくなって底が見えてきたけれど、どうするつもりだい、カメくん？」

「そうなんだ。ぼくはもうここではやっていけないんじゃないかと心配でしようがないよ。お願いだからどこかから丈夫な棒を見つけてきてくれないか。ぼくがその棒の真ん中をくわえるから、きみたちはその両端《りょうはじ》をくわえて飛びたち、どこか水がいっぱいある池まで運んでおくれよ」

「よし。だけど、その途中できみはぜったいに口をきいてはいけないよ。そうしたら、落っこちてたいへんなことになってしまうからね」

カモたちはこういって、棒を見つけてきてカメにその真ん中をくわえさせ、両端をくわえて飛んでいった。すると、里にさしかかったとき、村人たちがそれに気づいて、

「見ろ！　カメが空を飛んでいくぞ」といって大声で叫んだ。これを聞いたカメは、

「ふん、だ！　そんなところで叫んだって無駄《むだ》さ。捕《つか》まえられっこないよ」

といってやろうと思って口をひらいたとたん、棒から離れて落ち、砕《くだ》けて死んでしまった。

説話《せつわ》のなかでは、

「だから、正しい忠告をしてくれる友の言葉を聞かない者は、棒から落ちて死んだカメのように身を滅《ほろ》ぼすことになる」

と説いている。

この話と同じ話が、釈尊《しゃくそん》の前世《ぜんせ》の物語である『ジャータカ』にも収められている。そこでは大臣として生まれた菩薩《ぼさつ》が、話しはじめたら人に口をはさむすきさえ与えないほどおしゃべりな王をいさめるために、この「棒から落ちて死んだカメ」の話がひきあいに出されている。

また、『ジャータカ』には、べつの話として、住み慣れた場所に固執《こしゅう》して、乾いた池を離れようとしなかったために身を滅ぼしたという哀れなカメの話もある。

雨季の水位の高いときだけ大きな河とつながる池があった。そこには多くの魚やカメが暮らしていたが、ある雨の少ない年、魚やカメたちはそれを予知して、池がまだ河とつながっているうちに、河のほうに移動してしまった。しかし、一匹のカメだけが、

「この池は私が生まれたところであり、両親が住んでいたところである。だから私は、ここをどうしても去ることができない」といって、水が干上がってしまってからも池にとどまり、土のなかにもぐった。ちょうどそこは、壺《つぼ》作りとしてこの世に生まれていた菩薩が、いつも材料の土をとりにくる場所だった。カメは、土をとりにやってきた菩薩の鋤《すき》によって土とともに掘《ほ》りおこされ、地に放り出されて割れてしまった。そのとき、カメは嘆《なげ》き悲しみながら、家や住みなれた場所に執着《しゅうちゃく》して動こうとしなかったことを悔《く》い、自分のように愚《おろ》かなことで命を落とすようなことのないよう、

菩薩に語った。

菩薩は村の人たちを集め、死んだカメを手にして、みんなにこう諭《さと》したという。

「このカメは自分の住みなれた家に執着して死んでしまった。あなたたちも、自分には美しい身体がある。息子が、娘がある。召使《めしつかい》もあり、金もあるなどと、物欲や愛欲にとらわれていてはいけない。そのような人は三界《さんがい》にとどまって、永遠に三界をめぐり続けることになるだろう」

こうした説話を読むと、千数百年もの昔から、インドの村のようすはちっとも変わっていない。乾季になって池の水が干上がると、今日でも家

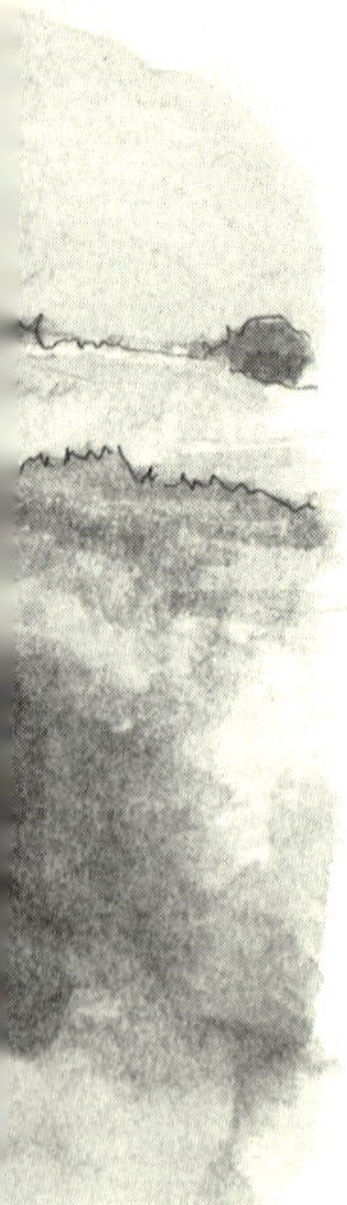

の壁《かべ》を築く人や、焼物を焼く人たちが池にやってきて、土を掘っていくのである。その鍬《くわ》や鋤の刃によって命を落とすカメは、今日もいることだろう。そして、菩薩が村人たちに説いたように、人生の終わりに近づいたある日、一生を正しくまっとうしようと、商売や事業をやめ、家や財産、家族や愛する人に対する執着《しゅうちゃく》を勇気をもって断ち切って、巡礼《じゅんれい》に出ようとする人も、また少なくないのである。

シカ

黄金色に輝く菩薩

シカはインドでは風の神ヴァーユの乗り物として知られています。また、黄金のシカは釈尊《しゃくそん》の前世《ぜんせ》の物語集『ジャータカ』にも菩薩として登場し、有名な叙事詩《じょじし》『ラーマーヤナ』には、ヒロインを魅了し、誘惑《ゆうわく》する黄金のシカとして登場します。

ガンガー河口一帯に広がるシュンドルボン（ベンガル語で「美しい森」）と呼ばれるデルタ地帯に行った。両岸に延々と生い茂《しげ》るマングローブの木々が、タコの足のように枝分かれしながら泥《どろ》の上に根を下ろす。その乾《かわ》いたところに、ベンガルトラの足跡《あしあと》が残されていた。

マングローブの森の切れ目から、イネ科の草が茂る明るい草地が広がり、茂みの向こうで、大形のシカが数頭草を食《は》んでいた。シカは、私たちにはちっとも気がついていないようであったが、もう少し歩み寄ると、群れは、突然《とつぜん》はじけるように散《ち》って駆《か》けていった。

インドには、多くの種類のシカがいる。森林地帯に棲《す》み、三叉《みつまた》の素晴らしく大きな角《つの》をもつ大形のサンバー（スイロク）や、カシミール地方に見られる、やはり大形のカシミールアカシカ、マニプール州に棲むターミンジカ、大きな角をもち、湿地帯を好むヌマジカ、白い斑点《はんてん》が美しいアクシスジカ、栗毛色で短い角をもち、イヌのような吠《ほ》え声をたてるホエジカ、短脚《たんきゃく》で黄褐色《おうかっしょく》をしたホッグジカ、牡《おす》の下腹部《かふくぶ》の腺《せん》から麝香《じゃこう》を分泌《ふんぴ》するジャコウジカ、シカ科ではないが、肩高《けんこう》が三十センチメートルそこそこで角がなく、見るからに可愛《かわい》いインドマメジカなどがいる。

私がガンガー河口のジャングルで見たシカは、きっとヌマジカだったに違いない。立派な角をもち、黄褐色をした大きなシカで、背に斑点のあるものもいた。斑点があるのは、若いシカだという。低く傾《かたむ》いた午後の陽《よう》光《こう》を背後から受けて、シカたちの輪郭《りんかく》は光に縁取《ふちど》られ、まるで黄金のシカのように輝《かがや》いて見えた。自然のなかで見るシカは、こんなにも美しいのかと思った。

そういえば、釈尊《しゃくそん》の前世《ぜんせ》の物語集である『ジャータカ』には、黄金のシカが登場する話がいくつか収められている。どの話においても黄金のシカは、たいてい前世の釈尊、すなわち菩薩《ぼさつ》なのである。光に輝くシカの姿は、ただでさえ神々《こうごう》しく見えるが、それがほんとうに黄金色をしていたら、どんなに尊く見えることだろう。

シカは、釈尊が初めて説法をした初転法輪《しょてんぽうりん》の地サールナートとも縁の深い動物である。

長く過酷《かこく》な苦行《くぎょう》を捨てた後、悟《さと》りに到達《とうたつ》した釈尊は、その真理《しんり》を人に説くことを長いことためらっていた。それはあまりにも深淵《しんえん》であり、また難解《なんかい》であり、微妙《びみょう》で伝えにくいものであったからであるが、熟慮《じゅくりょ》した後、かつて苦行をともにした五人の修行僧《しゅぎょうそう》を相手に、初めて説法《せっぽう》をした。その地が、ワーラーナシー（ベナレス）の近くにあるサールナート（鹿野苑《ろくやおん》）だったのである。このサールナートという地名は、「鹿の王」という意味のサーラング・ナートが詰《つ》まったもので、そこには豊かな森があり、シカが多く棲んでいたという。この地名にまつわる次のような話がある。

昔、ワーラーナシーの近くの森にはたくさんのシカがいた。この地の領主は狩猟が大好きで、いつも狩りに出かけては、たくさんのシカを殺していた。そのことに頭を悩ませていたシカの王は、毎日一頭ずつシカを差し出すことを条件に、領主に狩りをやめるよう申し出て、聞き入れられた。

あるとき、おなかに子がいる一頭の牝《めす》ジカが犠牲になる番がまわってきた。牝ジカはシカの王のもとにやってきて、自分が殺されればおなかの子も死んでしまう、どうか助けてほしいと懇願《こんがん》した。なんとかして身重の牝ジカを助けてやりたいと思ったシカの王は、牝ジカの代わりに自分が犠牲《ぎせい》になることを、ワーラーナシーの領主に申し出た。

このシカの王の気高《けだか》い行いに感動した領主は、牝ジカを放し、また、今後シカ狩《が》りをしないことを約束したという。

そんなわけで、初めて釈尊がこの地にきて説法を始めたとき、多くのシカが集まってきて、釈尊の説法に、耳を傾けたともいわれている。

サールナートの遺跡《いせき》公園の裏庭には、今日でもシカが飼われている。

黄金のシカといえば、インドのほとんどの人が、あの有名なインドの古《こ》典《てん》叙事詩《じょじし》『ラーマーヤナ』のなかの「シーターの誘拐」のくだりを思い出すにちがいない。そこには、一目でラーマ王子《おうじ》の妻シーターの心を奪《うば》ってしまった美しい黄金のシカが登場するが、しかし、それは恐《おそ》ろしい魔物《まもの》が変身《へんしん》した姿だったのである。

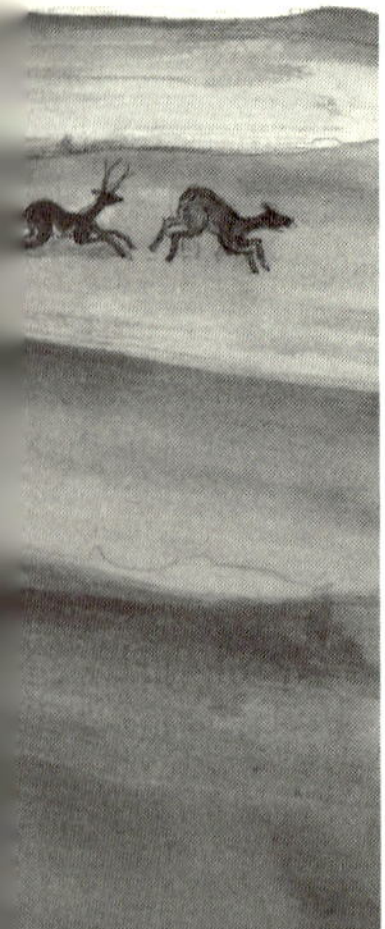

英雄《えいゆう》ラーマ王子に敵対するランカー国（スリランカ）の魔王《まおう》ラーヴァナは、手下のマーリーチャをラーマ王子と妻シーター、そして弟のラクシュマナが住む森の庵《いおり》に送りこみ、ラーマを庵から誘《さそ》い出すよう命じた。

そこでマーリーチャは、黄金の毛皮に包まれ、黒い宝石のような目をもつ美しいシカに変身し、庵へと近づいていった。今まで目にしたこともないほど美しいそのシカを一目見たシーターは、その輝く黄金の毛皮の上に夫ラーマが座《ざ》したらどんなに似合うだろうかと心のなかで思った。そう思うや、シーターはそのシカがほしくてたまらなくなり、すぐにシカを捕《つか》まえてくれるよう、ラーマにねだった。

ラーマは弟ラクシュマナに、どんなことがあってもシーターのもとを離《はな》れないように言い残して、黄金のシカを追って森のなかへと入っていった。

しかし、黄金のシカは、姿を現したかと思えば隠《かく》れ、近づいたかと思えばまた離れて、なかなか捕まえることができない。こうして黄金のシカを追って森の奥深くまで入りこんでしまったラーマは、シカを生《い》け捕《ど》りにすることを断念《だんねん》し、殺して持ち帰ることを心に決め、弓に矢をつがえた。そして、黄金のシカが次に姿を現した瞬間《しゅんかん》、ラーマは矢を放《はな》った。矢は、シカの胸を射抜《いぬ》いた。

黄金のシカに化《ば》けていたマーリーチャは見るにも恐《おそ》ろしい正体《しょうたい》を現し、苦しみもがきながら最後の力をふりしぼって、なんとラーマそっくりの声を出して、こう叫《さけ》んだのである。

「弟ラクシュマナよ！　どこにいる。早く助けにきてくれ！」

苦しみながら助けを求めて叫ぶラーマの声は森に響《ひび》きわたり、シーターの耳に届いた。

「ラクシュマナよ！　夫の身が危ないわ。あんなに苦しみながら助けを求

めて叫んでいる。なのに、お前はなにをもたもたしているのです」

「義姉《ねえ》さん、落ち着いてください。これは何かの罠《わな》にちがいありません。兄さんなら、きっと大丈夫。私はあなたのそばから離れるわけにはいかないのです。これは兄の命令なのです」

こういってシーターを諭《さと》すラクシュマナに、シーターはいった。

「そういうお前は、兄が死ねばいいと思っているのね。そして私を自分のものにしようという魂胆《こんたん》なのでしょう」

こうまでいわれては仕方がない。ラクシュマナは庵の周りに邪悪《じゃあく》な者が進入しないよう境界線を引いて、シーターに決してその外に出ないよう言い残して、ラーマを探しに森へと入っていった。だが、そのすきに、木の陰《かげ》でようすを見ていたラーヴァナが行者《ぎょうじゃ》の姿に変身し、庵に托鉢《たくはつ》に現れたのである。お布施《ふせ》を求めて鉢を差し出しながら境界線の外に立つ行者に対し、礼を欠くことなくお布施をしようと、果物を手にしたシーターが一歩足を線の外に踏《ふ》み出すや、行者は元のラーヴァナの姿を現し、シーターを捕まえて空飛ぶ山車《だし》に乗せ、さらっていってしまったのである。

『ラーマーヤナ』のなかでも、この「シーターの誘拐」のくだりはとくに人気があって、村芝居や、ポトゥア（語り絵師）たちの絵巻物、また人形芝居などの演目にもなっている。ストーリーは、子どもたちの頭のなかにまできちんと収まっているのである。

数か月前、心に残る微笑《ほほえ》ましい出来事があった。インド東部の大都市コルカタから北へと上がるローカル線に乗ったときのことである。車窓《しゃそう》の外に広がる果てしない田園風景と、現れては過ぎ去る集落をぼんやりとながめていると、突然、小さな手がぽんと私の背をたたいた。振り返ると、黄色いシカの着ぐるみを着た男の子と、顔を青く塗り、口紅にアイラインを引いてラーマに扮装《ふんそう》した男の子が立っていたのである。その小さな英雄は、「やあ、やあ、我こそはラーマなり」といって、呆気《あっけ》にとられている私の顔へ向けて弓を引き、いきなり弦《つる》を放した。矢はカチンという音をたてて半分ほど飛び出し、目の前で止まった。矢には、飛ばないよう後部に止まりがついていたのである。ラーマは、それから、にこっと笑って、びっくりしている私に向けて右手を差し出したのである。無垢《むく》な笑顔ほど人を動かす力をもつものはない。私は、急いでポケットから小銭を取り出し、その手にのせた。

彼らは、変装《へんそう》して人を驚かせ、楽しませることを代々の生業《なりわい》としている「ボフルピー」と呼ばれる人たちの子どもだったのである。幼いときからこうして車中やバス停の人込みで芸を積みながら小遣い稼《かせ》ぎをしているのだろう。

　目覚ましい経済的発展とともに、インドの村の人々の娯楽《ごらく》も大きく変わり、人々はボフルピーやポトゥア（語り絵師）、人形遣いなどのような伝統芸にはあまり興味を示さなくなりつつある。しかし、目前で繰り広げられるこうした演技には、媒体を介さない生の魅力があり、人間のやりとりがある。彼らの芸には、まだまだ人の心を惹《ひ》きつける力があるように思われた。以前は金色であったはずのシカの着ぐるみは、汚《よご》れて薄茶色《うすちゃいろ》になっていたが、その着ぐるみののどのあたりからのぞく笑顔、そこに光る白い歯と宝石のような目が、私には黄金のシカにもまして、眩《まぶ》しく見えたのである。

スイギュウ

魔神の化身

今日も多くの農家で飼われるスイギュウは、農村の風物にもなっていますが、その風貌《ふうぼう》と動きから粗野《そや》で愚鈍《ぐどん》だと思われ、ヒンドゥーの世界ではアスラ（魔神《きじん》）の化身として登場しています。しかし、じつは従順で、いつも飼い主のことを気遣《きづ》かうやさしい動物なのです。

インドの西ベンガル州にある友人の村に出かけた。彼の家のすぐわきには、カーリー女神を祀《まつ》った森があった。真ん中に女神をあらわす石が祀られたその森は、森と呼ぶにはひと回り十分間もかからないほどの小さなものだったが、女神のたたりを恐れて踏み入る人もなく、インドオオコウモリの格好の棲処《すみか》になっていた。伸《の》びほうだいになった木の枝から逆さまにぶら下がったインドオオコウモリは、樹上ではじゃまそうな黒いゴムのような膜《まく》をぺたぺたと動かしながら時おり枝を移動するくらいで、あとはじっとしているだけだった。夕闇《ゆうやみ》がせまってくれば、大きな膜を広げて果《か》樹園《じゅえん》をめざして飛び立っていく姿が見られるのだろうが、昼間の彼らの姿は、あまり見られたものではなかった。

それよりも私の興味を引いたのは、友人の家の隣《となり》で飼われていたスイギュウだった。

「このスイギュウはビリーを吸うんだ」
こういいながら、隣の家の青年が、刻《きざ》みたばこをボンベイコクタンの葉で巻いたビリーをポケットから取り出し、火をつけてスーッと大きくふかしこんでから、その煙《けむり》をスイギュウの鼻先にはいてみせると、スイギュウは鼻の穴を大きく開き、ただよう煙の後を追うようにして深く吸いこんだのだった。それから、赤らんだ大きな目を細め、いかにももう一服《いっぷく》したいというかのように、鼻先をつきだしてビリーの煙をせがむのだった。このスイギュウに関する、可笑《おか》しな出来事があったそうだ。

あるとき、田を耕すためにこのスイギュウを借りたいという人がやってきた。すでに田起《たお》こしをすませていた青年は、そのスイギュウを快くその人に貸してやったという。その人はさっそくスイギュウの首に犂《すき》をつないいで田起こしにかかった。ひととおり耕《たがや》し終えて、畦《あぜ》に腰を下ろし、ビリーに火をつけて一服していたときのことである。スイギュウはビリーの煙の匂《にお》いがただよってくると、もう我慢《がまん》ができなくなり、犂をつないだままその人のほうに駆《か》け寄っていった。その人は、突然猛烈《とつぜんもうれつ》な勢いで突進《とっしん》してくるスイギュウに恐《おそ》れをなして、ビリーをくわえたまま逃《に》げ出したが、いくら逃げてもスイギュウは後を追ってくる。くわえていたビリーを捨て、ほうほうのていで駆け続けていると、そのスイギュウは、ビリーの落ちたところで立ち止まり、煙を吸いはじめたという。青年は、そのスイギュウがビリー好きなのを伝えなかったことを詫《わ》びた。

スイギュウは人間たちに飼われていながらも、その外見から、野性を強く残した動物のように見えるが、意外と人間に歩み寄った生き方をしているようで、飼い主との関係は傍《はた》から見る以上に親密《しんみつ》である。そして、飼い主が彼らのことを思うように、彼らも飼い主のことを見、気配《きくば》りをしているようだ。

私たちが住む町から少し離《はな》れたところに、広大なサラソウジュの森がある。その森の一角で果樹園《かじゅえん》と自然食のレストランを経営しているサンヤルさんという人から、彼が飼っていたドルマとアドルという名の二頭のスイギュウにまつわる話を聞いた。サンヤルさんは、一九六四年のころ、当時パキスタン（現在バンクラデシュ）側にあった生地を棄《す》て、家族を引き連れ、現在の土地に移ってきた。今ではその界隈《かいわい》には人家や別荘《べっそう》も立ち、レストランは大都会コルカタからも来客があって、観光スポットのひとつになっているが、開墾《かいこん》当初は森には一軒《いっけん》の家もなく、クマやハイエナ、コブラがうろつき、ダコイト（盗賊団《とうぞくだん》）が身を隠《かく》すぶっそうなところだったという。

サンヤルさんにとって、家畜《かちく》の一頭一頭は、家族と同様、外敵の多い新開地《しんかいち》で生活を支える大切な一員であり、そこには、動物でありながらも、たがいに信頼《しんらい》と強い絆《きずな》があった。サンヤルさんが、イヌやネコはもちろんのこと、スイギュウにまで名前をつけて呼んでいたのは、そんな心情からなのだろう。

二頭のスイギュウは、サンヤルさんが彼らの名を呼びながら近づいていくと、身を低くかまえ、前脚《まえあし》で地面をたたくようにして、いかにもうれしそうに大きな体をゆすり、呼びかけに応《こた》えたという。彼らの引く車に乗って町の市場に出かけたときも、市場の外につながれた彼らは、主人が戻《もど》ってくる姿を遠くに認めるや、「ここにいるよ～」とでもいうように大きな声をあげて呼んだという。

遠くの町まで、家族数人と日用品や建築資材を買いに出かけた帰りのことである。暗くなる前に家にもどるつもりでいたが、森のなかでとっぷりと日が暮れてしまった。サンヤルさんはドルマとアドルに声をかけながら、早足で荷車をひかせていた。ところが、あるところまで来ると、突然《とつぜん》二頭のスイギュウはぴたりと足を止めてしまった。サンヤルさんが声をかけて進むようにうながしても、立ちすくんだように彼らは動こうとしない。サンヤルさんは荷車から降りて、行く手に危険な動物かまたは強盗《ごうとう》が待ち受けているのではないかと、ライトでくまなく照らして調べてみたが、そん

なようすはなかった。だが、荷車にもどったとき、サンヤルさんは頸木《くびき》をつなぎとめる綱《つな》が切れる寸前になっていることを発見した。もしもそのまま荷車を進めていたら、荷車の先が地に落ち、荷車は荷物もろとももんどり打ってひっくり返り、乗っていた家族は大変なけがをするようなことになっていただろう。ドルマとアドルはそれを寸前に察知《さっち》して、家族を守ろうと足を止めたのだった。

「ウシでもスイギュウでも、動物たちはみんな、私たちが彼らのことを思う以上に、彼らは私たちのことを思っているんだ」

サンヤルさんは、今はもうこの世にはいない二人の家族をしみじみと思い出すように、「ドルマとアドルか……」と、つぶやいて話をむすんだ。

ヒンドゥー教の世界では、神聖視《しんせいし》されるウシとは違ってスイギュウは神話にはあまり出てこない。マヒシャースラというスイギュウの姿をしたアスラ（魔神《まじん》）として登場するくらいだろうか。

九、十月の吉日に行われる「ドゥルガー・プージャー」は、強大な力を得て神々までも脅《おびや》かすようになったスイギュウの魔神を勝利の女神ドゥルガーが退治したことを祝う祭りである。インド東部の、とりわけベンガル地方で盛んなこの祭りは、ヒンドゥー教の三大祭りのひとつとしても知られている。祭りが近くなると、あちこちの街角にはにわか作りの祭壇《さいだん》が設置され、そこにはライオンにまたがった女神がスイギュウの口から出かかった魔神をまさに突き殺そうとする劇的な場面をあらわした塑像《そぞう》が置かれ、周囲はまばゆいばかりのイルミネーションで飾《かざ》られる。

そもそもアスラはアーリヤ人に敵対する異民族とも考えられ、まさにこのマヒシャースラは、水牛角を頭上に冠《かん》した先住民族たちの神と重なるよ

うにも思われるのである。民話の世界でも、少数民族であるサンタルの人たちの間ではスイギュウにまつわる話がまま聞かれるが、ヒンドゥーの人々の間で語られる昔話には、スイギュウはあまり登場しない。やはりスイギュウは、先生民族たちにとってより近しい動物なのだろうか。

そういえば、死の国の王、ヤマ（閻魔《えんま》大王）を乗せて運ぶのもスイギュウである。

マングース

子どもの命を救う

湿潤《しつじゅん》なベンガル地方には毒ヘビが多く、今日でも毒ヘビの被害《ひがい》は後を絶ちません。そんなわけで、なかにはヘビの天敵であるマングースを飼い慣らし、ペットにしている人さえいるのです。村のポトゥア（語り絵師）から聞いたマングースの話を紹介しましょう。

インドには、使い道のわからない奇妙《きみょう》なものを売っている人がいる。私が滞在《たいざい》した小さな町にも、バス停の近くにいつもござを広げて、干した木の根や木の実、動物の角《つの》や骨、軟膏《なんこつ》など、何だか得体《えたい》の知れないようなものをこまごまと並べて売っている人がいた。平たいガラス張りの箱には、銅《どう》や白銅《はくどう》の筒《つつ》、メノウや水晶《すいしょう》が埋《う》め込《こ》まれた指輪なども置かれていた。その傍《かたわ》らに、一匹《いっぴき》のマングースがひもでつながれ、忙《いそが》しそうにその人の左右の肩《かた》を行き来し、ひざに下りてはまた背後にまわって、また肩へと上るという動作を繰《く》り返しているのだった。痩身《そうしん》で、一見《いっけん》、うさんくさそうに見えるその人の雰囲気《ふんいき》を、まとわりつくそのマングースが、よけい怪《あや》しげなものにしていた

私は、バスを待つ間、よくその人のござの前にしゃがみこみ、箱や缶の中をのぞきながら、いろいろと質問をしたものだった。小さな缶《かん》のなかに、

トラの爪《つめ》といっしょに曲がった細くて黒い小さなものが入っているのを見つけ、それがなんだか聞いてみたことがある。

「それは、インドオオコウモリの爪だ。子どもが夜中に熱を出してどうにも処置のしようがないとき、この爪をひもで結んで腕《うで》に縛《しば》っておくと熱がひくんだよ。この銅の筒にいれていつも肌身《はだみ》につけておけば、病気《びょうき》から守られるともいわれている」

口を開くと、その人は打って変わって楽しそうな表情になり、多弁になって、私のたわいもない質問に律儀《りちぎ》に答えてくれるのだった。そのほかナマケグマの毛も高熱のときに身につけておくとよいという。こうしたまじないに使われるようなものや、好運をもたらすようなものがいろいろ並べられているのだが、しかし、その人の口上《こうじょう》を聞いていると、こうした森にすむ動物たちの毛や爪に神秘的な力を見出《みいだ》し、それにあやかろうとする村人たちの心情に、私もフムフムと同調してしまうのである。そして、その怪《あや》しげな品々の魅力《みりょく》に、いつの間にかひかれていくのだった。

「商売だから何の根だか名前までは教えられないけれど、毒ヘビにかまれたら、この根をすり潰《つぶ》して傷口にあてたり、煎《せん》じて飲んだりするといいんだ。この木の根がどこに生えているかは、マングースが知っている」

こういってその人は、見ただけでは樹種《じゅしゅ》まではわかりそうにない一本の乾《かわ》いた木の根を手にとって、私に見せてくれた。

私は内心、「この根っこでほんとうにヘビの毒が消せるのなら、血清《けっせい》が手に入らない僻地《へきち》に住む人たちがコブラにかまれて死ぬようなことが、もっと少なくなるだろうに……」と思った。私が留学していた当時、インドの西ベンガル州だけでも、七二三四人もの人がヘビにかまれ、そのうち四八八人が命を落としたという報告書（一九六九年）を見た。今日ではその数は大分少なくはなっているだろうが、毒ヘビに咬まれて命を落としたという話はいまなお耳に入ってくる。しかしながら、彼の手に握《にぎ》られたその白い色をした根を見ていると、その根には、いかにも解毒《げどく》の力があるように思われてくるのだ。そして、その木の根のありかをマングースが知っているというのが、妙に愛らしく思われるのだった。

私は、ずっと以前、放浪《ほうろう》の語り絵師ポトゥアから聞いたある昔話を思い出した。それは、ヘビの毒に効く木の根のありかを知るマングースが、飼い主の子どもの命を救ったという話である。

〈忠義《ちゅうぎ》なマングース〉

あるお百姓《ひゃくしょう》が、一匹のマングースを飼っていた。お百姓は、そのマングースが生まれたばかりのころからミルクを与え、寒いときにはふところに入れて、とても可愛《かわい》がって育ててきた。それで、マングースのほうでもそのお百姓に親のようになついて、お百姓のいうことなら何でも聞くようになっていた。お百姓が畑仕事に出かけたときには、ニワトリがネコに狙《ねら》われないように見張りをしたり、庭に干した稲《いね》もみがスズメについばまれないように番をしたり、じつによく働いた。

あるとき、お百姓がまだ歩けない幼い子を家に残して夫婦そろって畑に出かけた。おかみさんは、いつでもその子がミルクを飲めるように、平たい大皿にミルクを入れて置いていった。

その子が、お皿のミルクを手でぴちゃぴちゃとたたいて遊んでいると、そこへ一匹のコブラがやってきた。コブラは皿の縁《ふち》に頭をのせてミルクを飲みはじめたが、そのコブラの頭を子どもがたたいてしまったからたまらない。コブラは怒《おこ》ってかまくびをもたげ、子どもの手をかんだ。

ニワトリの番をしていたマングースは泣き声を聞いてあわてて駆《か》けつけ、コブラに襲《おそ》いかかると、その頭を噛《か》み砕《くだ》いた。そして毒消しの薬草の根を探しに、急いで家を出ていった。そんなところへ、畑から鋤《すき》をかついでお百姓の夫婦が帰ってきた。倒《たお》れた子どものわきにコブラが横たわっているのを見たお百姓は、心臓が止まるほど驚いた。そして、ぐったりとしている子どもを抱《だ》きかかえて、こうののしった、

「あの役立たずのマングースめ！　こんなときにどこをほっつき歩いているんだ。いくら賢《かしこ》くてもやっぱり獣《けもの》は獣だ」

そんなところへマングースが息せき切って戻ってきた。お百姓は、かっとなって、持っていた鋤でマングースの頭をたたいてしまった。マングースはその場にころりと転がったまま、動かなくなってしまった。

その直後、お百姓は、マングースが口に何かくわえているのに気がつい

た。かがみこんでよく見ると、それは木の根だった。

「ひょっとしたら、これはヘビの毒に効く薬草の根ではないだろうか……」

こう思ったお百姓は、マングースの口からその木の根をとると、子どもの傷口にあて、それから、その根をすり下ろして飲ませてみた。すると、青ざめてぐったりしていた子どもに血の気がさしてきて、みるみるうちに息をふきかえした。お百姓は、そのときになって初めて自分が早まったことをしてしまったことに気づき、ぐったりとしたマングースを胸に抱きかかえ、泣いて悔《く》やんだ。

この話は、ある長い昔話のなかで、息子である王子《おうじ》が自分を裏切って罪を犯したと思い込《こ》んでいる王様を、賢い大臣が「裁《さば》きはよく考えてから下すように」と諭《さと》すくだりで、「誤った審判《しんぱん》の例」として大臣が王様に語った話である。

マングースが実際にヘビの毒消しの薬草を知っているわけではないが、常に毒ヘビの脅威《きょうい》にさらされているインドの村人は、臆《おく》することなく毒ヘビに挑《いど》みかかり捕食《ほしょく》してしまうマングースを見て、さっとその毒消しを知っているからに違《ちが》いないと思うのだろう。

北インドで見られるマングースは、インドマングース（ハイイロマングース）と、それよりずっと小型のスモールインディアンマングースの二種である。サソリ、カニ、昆虫、カエル、鳥などいろいろなものを食べるが、実際にヘビをよく捕食し、猛毒《もうどく》のコブラにも挑みがかる。かまくびをもたげたコブラと向かいあって、その頭の動きにあわせて上体を揺《ゆ》らしながら気長に攻撃《こうげき》のチャンスをうかがう。そしてコブラがかまくびを振《ふ》り下ろした瞬間《しゅんかん》に、すかさずその頭に喰《く》らいつく。マングースは戦いの間じゅう毛を逆立《さかだ》たせているが、そんなときのマングースの体は二倍くらい大

インドジャボク
（キョウチクトウ科）

きく見える。それがコブラの攻撃距離《きょり》の目算《もくさん》を狂《くる》わせるのかもしれない。マングースも過《あやま》ってかまれ、死ぬこともある。しかし毒に対する低抗力《ていこうりょく》は強く、死なないことのほうが多いらしい。このことも、マングースが毒消しを知っていると思わせるのかもしれない。ブタやハリネズミ、ネコなども比較的《ひかくてき》へビの毒には強いと聞く。

インドには、へビにかまれたときの治療《ちりょう》に用いられるいろいろな植物がある。たとえばマメ科では、ハカマカズラ属の低木のフイリソシンカやキマメ属のキマメ、ブテア属のハナモツヤクノキ、クマツヅラ科ではタイワンニンジンボクやチーク、ヒユ科のケイノコズチ、キョウチクトウ科のインドジャボクなどの根が有効とされ、ガガイモ科のアコン、シソ科のメボウキ（バジル）、センダン科のインドセンダン（ニーム）などの葉や樹皮の汁《しる》、マメ科のインドセンナの葉末《ようまつ》などもよいといわれているが、これらの知識は、単に民間の伝承ではなく、インドの古典医学「アーユル・ヴェーダ」に裏づけされている。なかでも、キョウチクトウ科のインドジャボクは、血圧降下薬として知られ、古くからヘビにかまれたときの治療にも用いられてきた低木である。

数年前、私がインドへ行くたびにお世話になっている友人が、「こんなに可愛い花をつける植物を見つけたよ」といって、十五センチメートルくらいの高さのインドジャボクの苗をもってきてくれた。その苗はそのまま友人の家の庭に植えておいたが、すぐに人の背丈《せたけ》くらいの小藪《こやぶ》になって、サンゴのように赤い花柄《かへい》の先に、小さな花をたくさん咲《さ》かせるようになった。花の後につく黒い液果《えきか》もつやがあって美しい。インドジャボクの根っこがどんな色をしているのかは、まだ確かめてはいないが、きっとあのバス停の男の人が手にとって見せてくれた、あの毒ヘビの解毒に効くという木の根のような色をしているのではないだろうか。そう思うと、今度友人の家に行ったときに、握って確かめてみたくなるのである。

クジャク

雨を呼ぶ鳥

菜食主義者《さいしょくしゅぎしゃ》の多いインド西部のラージャースターン州などでは、野生のクジャクが町中を自由に歩き回り、尾羽を広げる姿があちこちで見られます。その美しいクジャクは、神話のなかでは勇ましい軍神カールッティケーヤを運ぶ乗物となっているのです。

インド留学から帰国して数年後、私たち一家は房総半島の里山に土地を求め、竹林の中に自力で家を建てはじめた。電気はすぐに引けたが、最初の数か月の間は、水道もガスもなく、家も四方が完全にふさがってはいなかった。しかし、それはそれなりに楽しく、ときおり食卓の上に舞い落ちてくる笹の葉や、家の中を通過していくトンボを、予期せぬ友の来訪《らいほう》のように喜んで迎えたものである。しかし、しだいに家が出来上がり、外界が遮断《しゃだん》されていくにつれ、そうした風情はなくなっていくのだった。とはいえ、寒くなってくると、そう風流なことばかりいってもいられなくなる。張ったばかりの床の上で幼い娘が喜んでころげまわる姿を見ると、やはり家という守られた空間が、率直に有難《ありが》たく思われたものである。

そんな家での暮らしにも、落ち着きがみえてきたある日、どんよりと曇った梅雨空《つゆぞら》にミャ～オ、ミャ～オという聞き覚えのある鳴き声が響き渡ってきた。ネコの声のようでもあり、また人間の赤《あか》ん坊《ぼう》が泣く声のようにも聞こえる。雨季のインドで耳にしたクジャクの声に違いないと思った。しかし、こんな山里にクジャクがいるわけがない。不審《ふしん》に思って、村の人に聞いてみると、たしかに川向こうの村にクジャクを飼っている人がいるということだった。低く垂れこめた雨雲を伝って響いてくるその声には、日本の梅雨空に漂う重い倦怠感《けんたいかん》を吹き払うに十分な力強さがあるのだった。

インドでは、クジャクは雨を呼ぶ鳥として知られている。西北部インドではクジャクの発情期《はつじょうき》は七〜八月の雨季にあたり、そのころにあの甲《かん》高《だか》い鳴き声があちこちで聞かれるのだ。そんなわけで、クジャクの声には、乾ききった灼熱《しゃくねつ》の夏の後に訪れる、涼しくて潤《うるお》いのある雨季の情緒《じょうちょ》がしみついているのである。その声は、雨雲を呼び、稲妻を起こすともいわれている。インドでは、雨をもたらす黒雲はけっして陰惨《いんさん》なものではなく、人々に恵みをもたらす、やさしく美しいものとして受けとめられているのだ。

クジャクは、私が長年住んでいたインド東部のベンガル地方にはいなかった。しかし、北西部のラージャースターン州に行けば、まるでスズメやカラスのようにあたりまえの顔をして人里を歩いている。むしろ、まったく人気のない荒野よりは、人間の臭いのするところを好むようである。それは、その地方に住む人の多くが菜食主義者であり、殺生《せっしょう》を好まず、クジャクに限らず動物を迫害しないという気風があるからなのだろう。クジャクのほうでもまたそれを心得ていて、ジャッカルやヤマネコのような外敵の多い荒野を避《さ》けて人里近くを生活の場にしているのである。クジャクは毒ヘビやサソリを喰ったりして人間の役にもたっているともいえるが、一方で蒔《ま》いたばかりの畑を蹴散《けち》らして種をぜんぶ食べてしまったり、害のほうも少なくない。彼らとの共存には、村人たちもかなりの代償《だいしょう》を払っているようだが、それを可能にしているのは、損得《そんとく》というより、この地上で同じように生きる権利をもつ同居者とみなし、尊重するという精神的な背景があるからなのだろう。

クジャクの繁殖期である雨季には、ラージャースターン州の民家の庭先や空き地ではクジャクのみごとなファッションショーがくり広げられる。しかし、目玉模様のある美しい長い羽根は、じつは尾羽ではなくて腰を覆《おお》う上尾筒《ジョウビトウ》という羽が伸びたものだ。その羽根は、繁殖期が終わると用済みになって抜けて落ちてしまうので、雨季が終わるとともに、雄はみっともなくなってしまう。

村の人たちはその抜け落ちたクジャクの羽を拾い集めて、団扇《うちわ》にしたり、ラッカーワークなどの工芸品の装飾に使ったりしている。また、羽根の軸の白くて太いところは釣り道具の浮きに用いられ、かつては欧米に輸出されていた。

ベンガル地方にも昔はクジャクはいたようで、村人の間で語り伝えられる昔話のなかにもクジャクは登場する。抜け落ちたクジャクの羽を拾い集めて団扇を作り、金持ちになった娘が登場する、こんな昔話を聞いた。

〈クジャク長者〉

ある村の金持ちの家に、五人の娘がいました。父親は、ある日、娘たちを呼んで一人ひとりにこう聞きました。

「お前たちがこうしていられるのは、だれのおかげかね？」

「はい、それはすべてお父様のおかげです」

上の娘も、二番目の娘も、三番目の娘も、四番目の娘も、みんなこう答

えました。父親はそれを聞いて、

「そうかそうか、よしよし」と、笑顔でうなずきました。しかし、一番末の娘の返事がないので、父親が訪ねると、娘はこう答えました。

「はい、お父様、私は私の力によって生きています」

これを聞いた父親は、かっとなってこういいました。

「それなら、そういうお前は今日から一人でやっていきなさい」

そして、末の娘を森に捨ててくるように、使用人に命じました。

深い森のなかに置き去りにされた末の娘は、日が沈みかけ、あたりが暗くなってくると、もうどうしていいかわからず、大きなバニヤンの木の根元に座ってしくしくと泣いていました。すると、バニヤンの幹が開いて、声が聞こえてきました。

「さあ娘よ、私のなかに入ってくるがよい」

そこで、娘がおそるおそる開いたバニヤンの幹の洞《ウロ》のなかに入っていくと、幹はまたもとのように閉じてしまいました。

翌朝日が昇ると、バニヤンの幹は開いていました。娘が外に出てみると、幹の外側にはトラやヒョウ、オオカミなど恐ろしい獣の爪あとが深く刻まれていました。娘はバニヤンの実を食べたり、イチジクやナガミパンノキの実を食べたりして昼を過ごし、夜がくるとまたバニヤンの幹のなかに入って眠りました。

雨季の長雨が終わったある日、娘はバニヤンの木のまわりにクジャクの羽根がたくさん落ちているのを見つけました。そして、それを拾い集めて団扇をつくってみました。クジャクはつぎからつぎへとやってきて羽根を落としていくし、作った団扇があまりにもきれいだったので、娘は団扇をたくさん作って市場にもっていって売ってみたらどうだろうかと考えまし

た。

娘が思ったとおり、その団扇は飛ぶように売れました。それから、娘は毎日クジャクの羽根で団扇を作っては市場にもっていき、売ってお金を貯めていきました。

娘は貯まったお金で土地を買い、お城のように大きな家を建て、人からクジャク長者と呼ばれるようになりました。

一方、末の娘を捨てた両親の家では、上の四人の娘たちを嫁がせた後、だんだんと落ちぶれていきました。そして、年老いた父親と母親は病気になって、目が見えなくなってしまったのです。それなのに、嫁いでいった上の娘たちはみんな知らんふりで、実家には近寄ろうともしません。とうとう年老いた父親と母親は家を出て、ふたりで手に手をとって、町から町、村から村を、物乞いをして歩くようになってしまいました。

そんなある日、ふたりがある大きな町までやってくると、クジャク長者という金持ちが、貧しい人たちに食べ物をふるまっているという噂《うわさ》を耳にしました。そこで、ふたりはさっそくそのクジャク長者という金持ちのお屋敷をたずねていくことにしました。

クジャク長者の家につくと、列をなして大勢の貧しい人たちが座り、ご飯がふるまわれていました。目の見えないふたりが手に手をとって館に入ってくるのを見たクジャク長者には、一目でそれが自分の両親であることがわかりました。今では長者となった末の娘は、さっそく使用人に命じてふたりの体をきれいに洗わせ、新しい衣を着させると、部屋のなかに招きいれました。そして、ふたりの前に食事を運び、自分の手で食べさせました。

「どうしてあなたはこの年老いた乞食にそんなによくしてくれるのですか」

こうたずねるふたりに、末の娘はいいました。

「あなたたちは私を産んでくれた両親ですもの……、いつまでもここにいてください」

その声と言葉を聞いたふたりには、クジャク長者と呼ばれるその人が、自分が捨てた末の娘であることがすぐにわかりました。父親は、今となって、末の娘がいったことが正しかったことを悟《さと》りました。そして娘と父親、母親の三人は抱き合い、涙を流して再会を喜びました。それから三人はいっしょに仲よく幸せに暮らしたということです。

今でもインドのバザールのお土産屋などで目玉模様のついたクジャクの羽根をまるくきれいに編み束ねた団扇が売られているのを見ることがある。それを目にすると、この昔話のことを思い出し、「いったいどんな人が作っているのだろう？」と作り手に思いをはせながら、つい買ってしまうのである。

インドの村で、家の入り口の左右にクジャクの絵が描かれているのを目にすることがある。ドゥルガーの祭りやディワーリーの祭りのまえに、家の飾りとして描かれたものらしいが、これには、家に害をもたらすものが入り込まないように、警戒心《けいかいしん》が強くかつ勇敢なクジャクを入り口に配する、という意味があるのだろう。クジャクはヒンドゥーの軍神カールッティケーヤ（別名スカンダ、韋駄天《いだてん》）を載せて運ぶ鳥であり、邪悪なものにひるむことなく立ち向う勇猛果敢《ゆうもうかかん》な鳥と考えられているのである。あのあでやかな姿を思い浮かべると意外であるが、実際、クジャクは毒蛇や毒のあるサソリなどを補食し、また外敵らしき者が居住域に近づくと、けたたましいラッパのような声をたてて警戒するのである。クジャクを従えたこの軍神は、仏教では守護神の韋駄天、私建駄《しけんだ》となって日本にも伝えられている。

あとがき

本書にとりあげた動物は、ほとんどがインドでは身近な動物ばかりです。なかにはトラやライオン、ワニなどのような獰猛《どうもう》な動物もとりあげましたが、これらの猛獣《もうじゅう》でさえ、その棲息地《せいそくち》の近くでは、日常的に人間たちとの濃密《のうみつ》な接触《せっしょく》があり、さまざまな体験をもつ人々に出会うことができます。

ここにとりあげた動物の体験譚《たいけんだん》のなかには、筆者自身の体験した話も含《ふく》まれていますが、大半がインド西ベンガル州に滞在《たいざい》中に友人や近所の住人から聞いたものです。これら身近にいる多くの動物は人々の精神生活にも深く入り込《こ》み、人々の心のスクリーンに個性豊かな共通の動物像として投《とう》影《えい》され、その性格は、神話や宗教的説話《しゅうきょうてきせつわ》、昔話などにいきいきと反映されています。昔話や説話《せつわ》の宝庫といわれるインドには、動物を主人公とした話が数多くありますが、なかでもとくに東部のベンガル地方は動物譚《どうぶつたん》が豊富で、おもしろい話を多く聞くことができます。またそれぞれの動物には決まったキャラクターが与《あた》えられていることが同地方の特徴《とくちょう》で、ジャッカルは良くも悪くも賢《かしこ》く、抜け目のない者として、またトラやワニは強いが知恵《ちえ》がなく間抜《まぬ》けな役回りで登場し、ライオンは威厳《いげん》ある王者的性格の持ち主、サルは小賢《こざか》しい愚《おろ》か者《もの》として登場することにおおかた決まっているようです。これらのキャラクターは、実際の野生のなかでこれらの動物たちが見せる行動に基《もと》づいており、彼らの性質をじつによく表しているように思われます。

記載《きさい》した民話は、一九七三年から二〇〇九年の間に、筆者自身が村々を回って採話《さいわ》したものや、親交を深めたポトゥア（語り絵師）の人々から採話したもので、語りはインド西ベンガル州からバングラデシュにかけての主要言語であるベンガル語によるものです。なお、仏教説話『ジャータカ』に含まれる動物譚も多くとりあげましたが、それらの話は『ジャータカ全集』（春秋社）を参考にしました。

自筆の類書に『インド動物ものがたり』（平凡社）がありますが、各動物にまつわるトピックは可能な限り異なるものをとりあげました。

私の取材を快く受けて体験談を語ってくれた、ビポド・ロハールさんほかポトゥア（語り絵師）の方々に感謝するとともに、本書の出版にあたり御尽力くださった八坂書房編集部の畠山泰英氏に謝意を表します。

西岡直樹

ベンガル スポッテド ポンド タートル 192【英】Bengal Spotted Pond Turtle
ベンガルトラ 204【英】Bengal Tiger【ヒ】Bāgh, Sher【ベ】Bāgh【学】*Panthera tigris tigris*
ベンガルボダイジュ 56【英】Banyan Tree【ヒ】Bar【ベ】Bat【学】*Ficus benghalensis*
ベンガルヤマネコ 4, 167【英】Leopard Cat【ヒ】Chita-billī【ベ】Ban-bilār
【学】*Prionailurus bengalensis*

ほ

ホエジカ 205【英】Reeves's Muntjac【ヒ】Kakar【学】*Muntiacus muntjak*
ホッグジカ 205【英】Hog Deer【ヒ】Shindhi【ベ】Pārā-harin, Lagunā【学】*Axis porcinus*
ホテイアオイ 160, 189, 191【英】Water Hyacinth【ベ】Kachuripānā
【学】*Eichhornia crassipes*
ボンネットモンキー 4【英】Bonnet Macaque【ヒ】Bāndar【ベ】Bānar, Bāndar
【学】*Macaca radiata*
ボンベイコクタン 222【英】Bombay Ebony【ヒ】Tendu【ベ】Kendu
【学】*Diospyros melanoxylon*

ま

マングース 4, 233-247【英】*Mongoose*【ヒ】Nakul, Newlā【ベ】Beji, Neul【学】*Herpestes*
マンゴー 131-134, 142, 146, 147【英】Mango【ヒ】Ām, Āmba【ベ】Ām【学】*Mangifera indica*

み

ミツバチ 113, 116-118【英】Honey Bee【ヒ】Madhu-makkī【ベ】Maumāchhi
【学】*Apis*（ミツバチ属）
ミミイチジク 46, 80【英】Rough Stem Fig【ヒ】Kutumbharī【ベ】Kākdumur
【学】*Ficus hispida*

め

メチョクミル（魚食いワニ）129【英】Indian Gavial, Long-snouted Crocodile
【ヒ】Ghariyāl【ベ】Mechho Kumir【学】*Gavialis gangeticus*
メンフクロウ 141, 152【英】Barn Owl【ヒ】Ulūk, Ullū【ベ】Lakshmī-penchā【学】*Tyto alba*

や

ヤギ 99, 105, 167【英】Goat【ヒ】Bakra【ベ】Chāgal【学】*Capra*（ヤギ属）
ヤシ 161【英】Coconut Palm【ヒ】Nāriyal【ベ】Nārikel【学】*Cocos nucifera*
ヤマアラシ 4【英】Porcupine【ヒ】Shalyak【ベ】Sajāru
ヤマネコ（ベンガルヤマネコ）4, 155-169, 252【英】Wild Cat【ヒ】Chita-billī
【ベ】Ban-bilār【学】*Prionailurus bengalensis*
ヤモリ 3【英】Gecko, Northern House Gecko【ヒ】Chhipkauli【ベ】Tiktiki
【学】*Hemidactylus flaviviridis*

ら

ライオン（インドライオン）96, 171-185, 229, 264, 265【英】Asiatic Lion
【ヒ】Sinha, Sher【ベ】Sinha【学】*Panthera leo persica*

り

リス 3【英】Squirrel【ヒ】Gilharī, Chikhurī【ベ】Kāthbirāl

ろ

ローフー魚 189【英】Rohu【ベ】Rui, Rohit【学】*Labeo rohita*

わ

ワニ 116, 118, 124-139, 264, 265【英】Crocodile【ヒ】Maggal, Magal【ベ】Kumīr

ナヤフクロウ 141【英】Barn Owl【ヒ】Ulūk, Ullū【ベ】Lakshmī-penchā【学】*Tyto alba*

に

ニーム（インドセンダン） 156, 160, 245【英】Neem, Margosa Tree【ヒ】Nīm【ベ】Nim【学】*Azadirachta indica*

ニワトリ 40, 68, 93, 99, 167, 239, 241【英】Chicken【ヒ】Murgā（雄）, Murgī（雌）【ベ】Morag（雄）, Murgi（雌）【学】*Gallus gallus var. domestica*

ぬ

ヌマジカ 204, 205【英】Swamp Deer, Barasingha【ヒ】Bārashingā【ベ】Bārashingā【学】*Cervus duvauceli*

ヌマワニ 124, 127, 129【英】Marsh Crocodile, Mugger【ヒ】Maggal, Magal【ベ】Kumīr【学】*Crocodylus palustris*

ね

ネコ 167, 173, 225, 239, 245, 251【英】Cat【ヒ】Billī【ベ】Birāl, Berāl【学】*Felis sylvestris catus*

ネズミ 3, 5, 6, 167【英】Rat【ヒ】Mūsak, Chūhā【ベ】Indur

は

ハイイロマングース 243【英】Indian Gray Mongoose【ヒ】Nakul, Newlā【ベ】Beji, Neul【学】*Herpestes edwardsi*

ハイエナ 224【英】Hyena【ヒ】Lakrbāgghā【ベ】Nekrebāgh

ハクチョウ（コハクチョウ）155【英】Swan【ヒ】Rāj-hāns【ベ】Rāj-hāns【学】*Cygnus columbianus*

ハゲワシ 4【英】Vulture【ヒ】Gridhra, Giddh【ベ】Shakuni, Shakun

インドハゲワシ【英】Indian Griffon Vulture, Indian Vulture【学】*Gyps indicus*

ベンガルハゲワシ【英】Indian White-backed Vulture【学】*Gyps bengalensis*

バジル（メボウキ）245【英】Basil, Sweet Basil【ヒ】Bābrī【ベ】Bābui tulsī【学】*Ocimum basilicum*

ハス 71【英】Indian Lotus【ヒ】Kamal, Padma【ベ】Kamal, Padma【学】*Nelumbo nucifera*

バナナ 25, 46, 67, 68, 72, 74, 80, 122【英】Banana, Plantain【ヒ】Kelā【ベ】Kalā【学】*Musa acuminata cv.*

ハナモツヤクノキ 245【英】Flame of the Forest, Parrot Tree【ヒ】Dhāk, Palāsh【ベ】Palāsh【学】*Butea monosperma*

ハヌマンラングール 4, 45-58【英】Hanuman Langur【ヒ】Hanumān, Lāngul【ベ】Hanumān【学】*Semnopithecus entellus*

ひ

ビャクダン 81【英】Sandal Wood【ヒ】Chandan【ベ】Chandan【学】*Santalum album*

ふ

フィッシングキャット（スナドリネコ）167【英】Fishing Cat【ベ】Māchh-birāl【学】*Prionailurus viverrinus*

フイリソシンカ 245【英】Mountain Ebony, Orchid Tree【ヒ】Kānchnār【ベ】Kanchan【学】*Bauhinia variegata*

フクロウ 141-153【英】Owl【ヒ】Ulūk, Ullū【ベ】Penchā

メンフクロウ【英】Barn Owl【ヒ】Ulūk, Ullū【ベ】Lakshmī-penchā【学】*Tyto alba*

ブタ 245【英】Pig【ヒ】Sūar【ベ】Shūyar, Shūkar【学】*Sus scrofa domestica*

へ

ヘビ 3, 61-74, 233, 237, 238, 242-247【英】Snake【ヒ】Sāmp【ベ】Sāp

ベンガルオオトカゲ 4, 167【英】Bengal Monitor【ヒ】Gho【ベ】Go-sāp【学】*Varanus bengalensis*

ジャガイモ 145【英】Potato【ヒ】Ālū【べ】Ālu, Bilati-ālu【学】*Solanum tuberosum*
ジャコウジカ 205【英】Black Musk Deer【ヒ】Kastura【べ】Kustūri-harin
【学】*Moschus fuscus*
ジャコウネコ 4【英】Small Indian Civet【ヒ】Kastri【べ】Gandhagokul, Gaula
【学】*Viverricula indica*
ジャッカル 4, 5, 22, 93-106, 122, 123, 130, 175-184, 252【英】Jackal【ヒ】Siyār, Gīdar
【べ】Shiyāl【学】*Canis aureus*
ジャングルキャット 167【英】Jungle Cat【ヒ】Jangli-billī【べ】Ban-bilār, Paush-bilār, Paush-belār
【学】*Felis chaus*

す

スイギュウ 171, 177, 219-231【英】Water Buffalo【ヒ】Bhains（雌）, Bhainsā（雄）
【べ】Mahis, Maus【学】*Bubalus arnee*, *B. bubalis*（家畜種）
スイロク（サンバー）204【英】Sambar【ヒ】Sambar【べ】Sambar
【学】*Cervus unicolor*
スズメ 239, 252【英】Sparrow【ヒ】Gaureiya【べ】Charāi-pākhi【学】*Passer montanus*
スナドリネコ（フィッシングキャット）167【英】Fishing cat【べ】Māchh-birāl
【学】*Prionailurus viverrinus*
スモールインディアンマングース 243【英】Small Indian Mongoose【ヒ】Nakul, Newlā
【べ】Beji, Neul【学】*Herpestes auropunctatus*

せ

センザンコウ 4, 167【英】Indian Pangolin【ヒ】Bajra Kīt, Bajra Kaptā【べ】Sonāgodā
【学】*Manis crassicaudata*

そ

ゾウ（アジアゾウ）3, 4, 13-26, 62, 96【英】Indian Elephant【ヒ】Hāthī【べ】Hātī
【学】*Elephas maximus*

た

タニシ 157【英】Pond Snail【べ】Gugli
タマリンド（テントゥル）142, 144, 148, 149【英】Tamarind, Indian Date【ヒ】Imlī, Amlī
【べ】Tentul　【学】*Tamarindus indica*
ターミンジカ 204【英】Eld's Deer, Thamin【ヒ】Bārashingha【べ】Shāngāi
【学】*Cervus eldi*

て

テントゥル（タマリンド）142, 144, 148, 149【英】Tamarind, Indian Date【ヒ】Imlī, Amlī
【べ】Tentul【学】*Tamarindus indica*

と

トゥルスィー（カミメボウキ）69, 82【英】Sacred Basil, Holy Basil【ヒ】Tulsī【べ】Tulsī
【学】*Ocimum sanctum*
トカゲ（ブラッドサッカー）3【英】Common Bloodsucker【ヒ】Girgit【べ】Girgitti, Kāklās
【学】*Calotes versicolor*
トッケイ（オオヤモリ）3【英】Tokay Gecko【べ】Takshak, Takka-sāp
【学】*Gekko gecko*
トビハゼ 68【英】Mud Skipper【べ】Menu-māchh【学】*Periophthalmus*（トビハゼ属）
トラ 3, 5, 96, 109-123, 235, 264, 265【英】Tiger【ヒ】Bāgh, Sher【べ】Bāgh
【学】*Panthera tigris tigris*

な

ナマケグマ 236【英】Sloth Bear【ヒ】Bhāllu【べ】Bhālluk【学】*Melursus ursinus*

【学】*Endynamys scolopacea*

か

カエル 243【英】Frog, Toad【ヒ】Medak【ベ】Byāng
ガガブタ 156, 160【英】Water Snowflake【ヒ】Tagar Chandī【ベ】Chānd Mālā
【学】*Nymphoides indica*
カシミールアカシカ 204【英】Kashmir Stag【ヒ】Bārashingha【学】*Cervus elaphus hanglu*
ガチョウ 153, 168【英】Goose【ヒ】Kalhāns【ベ】Kalhāns, Karhāns
【学】*Anser anser var. domesticus*
カニ 188, 189, 243【英】Crab【ヒ】Kekrā【ベ】Kānkrā
カマバアカシア 35, 189【英】Earleaf Acacia, Northern Black Wattle【ベ】Sonājhuri
【学】*Acacia auriculiformis*
カミメボウキ（神目箒、トゥルスィー）69, 82, 147, 158【英】Sacred Basil, Holy Basil【ヒ】Tulsī
【ベ】Tulsī【学】*Ocimum sanctum*
カメ 186-200【英】Turtle, Pond Turtle【ヒ】Kacchuā【ベ】Kacchap
カモ（オナガガモ）168, 189, 193, 195【英】Pintail【ベ】Dig-hāns【学】*Anas*（マガモ属）
カラス 141, 149-153, 252【英】Crow【ヒ】Kauwā【ベ】Kāk, kāg【学】*Corvus*（カラス属）
カワセミ 189【英】Common Kingfisher【ヒ】Rāmchiraiyā【ベ】Nīl-māchhrāngā
【学】*Alcedo atthis*

き

キマメ 245【英】Pigeon Pea【ヒ】Rahar【ベ】Arahar【学】*Cajanus cajan*
キングコブラ 62【英】King Cobra【ヒ】Rāj Nāg【ベ】Shankhachūr
【学】*Ophiophagus hannah*

く

グアバ 46【英】Guava【ヒ】Amrud【ベ】Peyārā【学】*Psidium guajava*
クジャク 4, 249-263【英】Blue Peacock, Peafowl【ヒ】Mayūr, Mor【ベ】Mayūr
【学】*Pavo cristatus*

こ

コウエンボク 55【英】Flamboyant, Royal Poinciana, Peacock-Flower
【ヒ】Gulmohar, Gulmor【ベ】Bilāti-Krsnachūrā【学】*Delonix regia*
ココヤシ 81【英】Coconut Palm【ヒ】Nārikel, Nāriyal【ベ】Nārikel【学】*Cocos nucifera*
コブウシ（ウシ）29-42, 228【英】Cow【ヒ】Gāy（雌）【ベ】Garu（雌）
【学】*Bos primigenius inducus*
コブラ（インドコブラ）61-69, 224, 237-245【英】Asian Cobra, Indian Cobra【ヒ】Nāg
【ベ】Gokhur【学】*Naja naja*

さ

サギ 191【英】Heron, Egret, Bittern【ヒ】Bagulā, Sāras【ベ】Bak
サソリ 243, 252, 263【英】Scorpion【ヒ】Bichhu【ベ】Kānkurabichhā
サトウナツメヤシ 34【英】Date Sugar Palm【ヒ】Khajūr【ベ】Deshī-khejur
【学】*Phoenix sylvestris*
サラソウジュ 82, 224【英】Sal【ヒ】Shāl【ベ】Shāl【学】*Shorea robusta*
サル 45, 46, 130-138, 265【英】Monkey【ヒ】Bāndar, Bānar【ベ】Bāndar, Bānar
サンバー（スイロク）204【英】Sambar【ヒ】Sambar【ベ】Sambar【学】*Cervus unicolor*
サンユウカ 146【英】East Indian Rosebay, Cape Jasmine【ヒ】Taggar, Chāndī【ベ】Tagar
【学】*Ervatamia coronaria*

し

シカ 175, 176, 183, 201-211, 216【英】Deer【ヒ】Harin, Mrga【ベ】Harin, Mrga

動 植 物 名 索 引

【英】英語名　【ヒ】ヒンディー語名
【ベ】ベンガル語名　【学】学名

あ

アカゲザル 4【英】Rhesus Monkey【ヒ】Bāndar【ベ】Bāndar, Markat【学】*Macaca mulatta*

アクシスジカ 112, 205【英】Spotted Deer, Axis Deer【ヒ】Chītal【ベ】Chital Harin【学】*Cervus axis*

アヒル 103, 155-169【英】Domestic Duck【ヒ】Battak【ベ】Pāti hāns【学】*Anas platyrhynchos var.domesticus*

い

イヌ 77-81, 88-95, 104, 105, 202, 225【英】Dog【ヒ】Kuttā【ベ】Kukur【学】*Canis familiaris*

イヌナツメ（インドナツメ）34【英】Indian Jujube【ヒ】Ber【ベ】Kul【学】*Ziziphus mauritiana*

イリエワニ 124, 127, 129【英】Saltwater Crocodile, Estuarine Crocodile【ヒ】Maggal, Magal【ベ】Kumīr【学】*Crocodylus porosus*

インドオオコウモリ 220, 236【英】Indian Flying Fox【ヒ】Barā Chamgādar【ベ】Bādur【学】*Pteropus giganteus*

インドガビアル 124, 127, 129【英】Indian Gavial, Long-snouted Crocodile【ヒ】Ghariyāl【ベ】Mechho Kumīr, Ghariyāl【学】*Gavialis gangeticus*

インドジャボク 156, 244-246【英】Serpentine Tree, Java Devilpepper【ヒ】Chhotachānd【ベ】Chandrā, Sarpagandhā【学】*Rauvolfia serpentina*

インドセンダン（ニーム）245【英】Neem, Margosa Tree【ヒ】Nīm【ベ】Nim【学】*Azadirachta indica*

インドセンナ 246【英】Indian Senna, Tinnevelly Senna【ヒ】Hindisenā【ベ】Sonāmukhī【学】*Cassia angustifolia*

インドマメジカ 205【英】Indian Spotted Chevrotain, Indian Mouse Deer【ヒ】Pisura, Pesora【ベ】Jitre Harin【学】*Tragulus meminna*

インドマングース 243【英】Indian Gray Mongoose【ヒ】Nakul, Newlā【ベ】Beji, Neul【学】*Herpestes edwardsii*

インドライオン 172【英】Asiatic Lion【ヒ】Shinha, Sher【ベ】Shinha【学】*Panthera leo persica*

う

ウサギ 175【英】Rabbit, Hare【ヒ】Khargos, Kharhā【ベ】Khargos

ウシ（コブウシ）29-42, 228【英】Cow【ヒ】Gāy（雌）【ベ】Garu（雌）【学】*Bos primigenius indicus*

ウドンゲノキ，優曇華，フサナリイチジク 137【英】Red Wooded Fig, Cluster Fig【ヒ】Gūlar【ベ】Yajnya dumur, Jag dumur【学】*Ficus glomerata*

ウマ 39【英】Horse【ヒ】Ghorā【ベ】Ghorā【学】*Equus*（ウマ属）

え

エビ 130, 188, 189【英】Shrimp【ベ】Chingri

お

オニカッコウ 46【英】Koel, Indian Koel【ヒ】Koel【ベ】Kokil

著者紹介

西岡直樹（にしおか なおき）

1946年、宮崎県生まれ。宇都宮大学農学部卒業。1973～78年、インド西ベンガル州のシャンティニケントン大学、コルカタのジャドブプル大学でベンガル語を学ぶ。著書に『インドの昔話』（共著、春秋社）、『インド花綴り』（正・続、木犀社）、絵本『ふしぎな国のふしぎなミルク』（フジタヴァンテ）、『インドの樹・ベンガルの大地』（講談社）、『インド動物ものがたり』（平凡社）など多数。訳書に『ネパール・インドの聖なる植物』（八坂書房）がある

インドどうぶつ奇譚 ―空飛ぶ象―

2010年3月25日　初版第1刷発行

著　者	西　岡　直　樹
発行者	八　坂　立　人
印刷・製本	シナノ書籍印刷（株）
発行所	（株）八　坂　書　房

〒101-0064 東京都千代田区猿楽町1-4-11
TEL.03-3293-7975　FAX.03-3293-7977
URL.：http://www.yasakashobo.co.jp

ISBN 978-4-89694-953-7